高职高专交通运输与制造类专业规划教材

铁路大型养路机械应用管理

主　编◎宁广庆　宋卫华
主　审◎董光磊　李敬晨

TIELU DAXING YANGLU
JIXIE YINGYONG GUANLI

人民交通出版社股份有限公司
北京

内 容 提 要

本书是高等职业教育铁道机械化维修技术专业规划教材。全书共分七部分，分别对铁路大型养路机械的发展历程、类型及作业特点，铁路线路病害与线路维修质量控制，线路机械化修理施工组织、设备管理、安全管理、材料管理等内容进行了介绍。本书建议学时为60~80学时。

本书适于高等职业教育及各类成人教育铁道机械化维修技术专业学生选作教材使用，也可供从事铁路大型养路机械运用、保养、维修、管理的相关技术人员参考。

图书在版编目(CIP)数据

铁路大型养路机械应用管理/宁广庆,宋卫华主编.
—北京:人民交通出版社股份有限公司,2015.8
ISBN 978-7-114-12328-3

Ⅰ.①铁… Ⅱ.①宁… ②宋… Ⅲ.①铁路养护—养路机械　Ⅳ.①U216.6

中国版本图书馆 CIP 数据核字(2015)第168646号

书　　名：	铁路大型养路机械应用管理
著 作 者：	宁广庆　宋卫华
责任编辑：	杜　琛
出版发行：	人民交通出版社股份有限公司
地　　址：	(100011)北京市朝阳区安定门外外馆斜街3号
网　　址：	http://www.ccpress.com.cn
销售电话：	(010) 59757973
总 经 销：	人民交通出版社股份有限公司发行部
经　　销：	各地新华书店
印　　刷：	北京虎彩文化传播有限公司
开　　本：	787×1092　1/16
印　　张：	10.75
字　　数：	255千
版　　次：	2015年8月　第1版
印　　次：	2021年8月　第3次印刷
书　　号：	ISBN 978-7-114-12328-3
定　　价：	35.00元

(有印刷、装订质量问题的图书由本公司负责调换)

前　言

　　随着我国经济的快速发展,铁路在国民经济中的作用愈来愈凸显。进入21世纪的中国铁路,在高速铁路、重载运输和机车车辆等方面取得了跨越式的发展。为满足人们的出行需要,拉动交通经济而进行的铁路6次大面积提速,带动了我国铁路技术装备和管理水平的发展,铁路的技术与管理已跻身世界先进行列,而铁路线路养护修理也随之进入了机械化时代。

　　自1984年,铁道部从国外引进大型养路机械进行线路维修、大修以来,铁路工务系统的作业方式和维修体制发生了根本性的变革:线路养护修理的质量和效率得到极大的提高,施工与运行的矛盾得到很大程度的缓解,施工生产中的事故明显减少。大型养路机械在铁路6次大提速工程中具有不可替代的作用,已成为确保线路质量,提高既有线路效能,保证便捷、安全、经济、高效、绿色铁路运输,必不可少的现代化装备。同时,大型养路机械在我国高速铁路和客运专线新线建设中也发挥了极大的作用,保证了各条新线的顺利开通。

　　目前,铁路大型养路机械设备的种类和数量快速增加,大型养路机械应用人员队伍不断壮大。大型养路机械是资金密集、技术密集的现代化设备,具有结构复杂、生产效率高、价格昂贵等特点,并且大型养路机械使用集运行、施工、检修于一身,故大型养路机械运用人员必须具有较高的综合素质和技术业务水平,这样的需求与高等职业教育的人才培养目标正相吻合,铁道机械化维修技术专业相继在铁路职业院校开设起来。

　　郑州铁路职业技术学院、天津铁道职业技术学院、包头铁道职业技术学院、南京铁道职业技术学院、西安铁路职业技术学院等院校联合郑州铁路局、北京铁路局、神华集团等大型国有企业,响应国家深化教育教学改革、紧跟行业发展步伐、密切联系企业、校企合作要求,共同开发编写了铁道机械化维修技术专业教材,符合高职专业为行业服务的能力和水平要求。

　　本书由郑州铁路职业技术学院宁广庆、郑州铁路局郑州工务机械段宋卫华(高级工程师)任主编。具体编写分工如下:单元一、二、三由宁广庆编写;单元四由史林恒、郑松编写,单元五、六由宋卫华编写,单元七由黄永超编写。全书由郑州铁路安全监督管理办公室机车车辆验收室董光磊(高级工程师)、神华铁路李敬晨(高级工程师)任主审,两位专家对本书的框架、内容均提出了有益的意见和建议,在此表示由衷感谢!

　　同时,在本书的编写过程中,编者得到了各个铁路局、铁路大型养路机械运用单位的许多专家和同行的热情支持,并参阅了许多国内外公开出版与发表的文献,在此一并表示感谢。

　　由于时间仓促,水平有限,书中难免存在不妥或疏漏之处,恳请广大读者批评指正。

编者
2015年6月

目 录

单元一　铁路线路与大型养路机械概述
- 学习项目一　铁路的诞生及运营模式 ……………………………………………… 2
- 学习项目二　线路病害与大型养路机械使用管理规则 ……………………………… 7
- 学习项目三　高速铁路与无缝线路 …………………………………………………… 13
- 练习题 …………………………………………………………………………………… 17

单元二　大型养路机械类型及作业特点
- 学习项目一　捣固车 …………………………………………………………………… 19
- 学习项目二　动力稳定车 ……………………………………………………………… 26
- 学习项目三　QS-650k 全断面道砟清筛机 …………………………………………… 27
- 学习项目四　配砟整形车 ……………………………………………………………… 30
- 学习项目五　钢轨打磨车 ……………………………………………………………… 31
- 学习项目六　大修列车 ………………………………………………………………… 33
- 练习题 …………………………………………………………………………………… 37

单元三　大型养路机械施工质量管理
- 学习项目一　大型养路机械施工规则 ………………………………………………… 39
- 学习项目二　大型养路机械作业对道床阻力的影响 ………………………………… 42
- 学习项目三　大型养路机械施工质量控制 …………………………………………… 45
- 练习题 …………………………………………………………………………………… 50

单元四　线路机械化修理施工组织
- 学习项目一　线路机械化修理施工分类 ……………………………………………… 52
- 学习项目二　施工组织网络规划 ……………………………………………………… 55
- 学习项目三　大型养路机械施工组织 ………………………………………………… 57
- 学习项目四　线路综合维修施工组织 ………………………………………………… 62
- 学习项目五　线路大修施工组织 ……………………………………………………… 69
- 学习项目六　特殊情况下的施工管理 ………………………………………………… 74
- 学习项目七　综合维修施工组织案例 ………………………………………………… 77
- 练习题 …………………………………………………………………………………… 82

单元五　设备管理
- 学习项目一　设备管理概述 …………………………………………………………… 84
- 学习项目二　大型养路机械管理机构 ………………………………………………… 86
- 学习项目三　使用管理 ………………………………………………………………… 89
- 学习项目四　设备检修保养 …………………………………………………………… 93
- 练习题 …………………………………………………………………………………… 118

单元六　安全管理

学习项目一　铁路交通事故与分类 …………………………………… 121
学习项目二　运行安全 …………………………………………………… 135
学习项目三　作业安全 …………………………………………………… 137
学习项目四　应急处理 …………………………………………………… 141
学习项目五　线路大修应急处理 ………………………………………… 146
学习项目六　检修及驻地安全 …………………………………………… 149
练习题 ……………………………………………………………………… 151

单元七　材料管理

学习项目一　材料管理概述 ……………………………………………… 153
学习项目二　大型养路机械油料和配件管理 …………………………… 155
学习项目三　材料管理制度 ……………………………………………… 158
练习题 ……………………………………………………………………… 165

参考文献 ……………………………………………………………………… 166

单元一

铁路线路与大型养路机械概述

【知识目标】
1. 了解铁路与大型养路机械发展进程的基础知识;
2. 掌握大型养路机械发展过程中的基本特征;
3. 掌握铁道线路常见病害类型及危害。

【能力目标】
1. 明确说明铁道线路的组成结构;
2. 准确说明线路轨道病害类型及危害后果;
3. 理解大型养路机械运用对于改善铁道线路维修机制的作用。

学习项目一　铁路的诞生及运营模式

▶▶ 一、铁路的诞生

自 1825 年 9 月 27 日世界上第一条由动力机械牵引的铁路运输列车在英国建成并投入使用以来,铁路发展经历了初期运营、建设高潮和建路鼎盛时期。20 世纪 40 年代后,由于各种运输方式之间的激烈竞争,铁路一直处于艰难发展状态,有的国家甚至称铁路为"夕阳工业"。随着以美、澳、加等国为代表的重载运输和以法、德、日等国为代表的高速运输的发展,铁路又进入了高速发展时期。在经历了 190 年的发展后,全世界铁路总营业里程已达 130 多万 km,铁路在社会经济发展的进程中起到了巨大的推动作用。

1876 年中国土地上出现了第一条铁路——"吴淞铁路",如图 1-1 所示。完全由我国自行筹资、勘测、设计、施工建造的铁路是詹天佑设计的"京张铁路",全长 200 多 km。截至 2014 年底,我国铁路营业里程已突破 11 万 km,其中高铁运营总里程超过 1.5 万 km,居世界第一位。中国铁路现有营业里程仅占世界铁路的 7.5%,而完成的工作量占了世界铁路总工作量的 25%。根据规划,到"十二五"末,中国的快速客运网总规模将达到 2 万 km 以上,煤炭通道总能力达到 18 亿 t,西部路网总规模达到 3.5 万 km,形成覆盖全国的集装箱运输系统。

图 1-1　中国土地上第一条铁路"吴淞铁路"与机车

▶▶ 二、铁路线路结构与组成

铁路线路由路基、桥隧建筑物和轨道 3 部分组成。其中,路基以上的部分称为轨道,是行车的基础。

轨道包括道床、轨枕、钢轨、连接零件、防爬设备及道岔等部件。轨道结构是在路基上铺设道床,在道床上铺设轨枕,轨枕上铺设垫板及钢轨,钢轨与钢轨之间以及钢轨与轨枕之间用连接零件和扣件连接在一起,另外,加上道岔和轨道的防爬设备,形成了轨道的一个整体结构,如图 1-2 所示。

▶▶ 三、铁路线路的类型

铁路线路(图 1-3)按其等级、轨距、区间线路数量及用途等的不同可分成不同的类型:

(1)按线路等级,即该线路在路网中所起的作用和所担负的运输任务的差别,可将铁路分为Ⅰ级铁路、Ⅱ级铁路和Ⅲ级铁路。

(2)按线路轨距,分为准轨铁路、宽轨铁路和窄轨铁路。

(3)按区间正线数目,分为单线铁路、双线铁路、部分双线铁路和多线铁路。

(4)按钢轨的连接方式,分为普通线路和无缝线路。

(5)按行车速度,分为普速铁路、准高速铁路、高速铁路和超高速铁路。

图 1-2 轨道结构

1-道床;2-轨枕;3-钢轨;4-扣件;5-道岔;6-接头

a) b)

图 1-3 铁路线路类型

四、铁路运营模式

铁路的发展与各国经济实力、国土面积、资源分布、科技水平等密切相关。铁路线路结构、装备特点和维修水平除受上述因素影响外,还直接与各国的运营模式、运输条件有关。综合世界各国铁路运营模式和运输方式的不同,基本上有如下 3 大类:

(1)运输密度大,行车速度高,但轴重较轻,以欧洲各国和日本为代表。这些国家国土面积不大,基本以客运为主,对旅客运输的舒适度要求很高,因此,轨道结构的可靠性和平顺性要求很高。

(2)以重载运输为主,机车车辆轴重大,但运输密度小且行车速度不高,北美一些国家和澳大利亚铁路基本属于这一类。国土面积大、资源分布特点决定了这些国家的铁路以货运为主。为提高货运的经济效益,大力发展重载运输,轨道结构则以提高强度、减少养护维修工作量为主要出发点,强调维修效果的稳定性。

(3)客、货混运,轴重、密度、速度同时发展。这样,较高的速度要求较高的平顺性,而重载运输又引起轨道结构部件折损和整体结构的剧烈变化,要保持两者相对的平衡,必须强化轨道结构和加大修理工作量,但较大的运输密度又造成了修理工作的极大困难。我国铁路干线基本属于此类运营模式。

五、运营模式对轨道的影响

轨道是一个整体性的工程结构,由力学性质各不相同的材料所组成。由于轨道长期处于列车运行的动力作用下,轨道各组成部分要共同承担复杂交变的动载荷以及气候变化所造成的影响;所以,要求轨道各组成部分应结构合理,具有足够的强度和稳定性,并保持正确的几何形状,以确保列车能按照规定的速度安全、平稳和不间断地运行。机车车辆运行速度和轴重的提高,会使作用于轨道上的各种外力急剧增加,而铁路运量的增加,又会导致钢轨及各部件的疲劳损伤提前出现。因此,轴重、速度、运量是影响轨道结构的主要运行参数。

为使轨道结构具有足够的强度、稳定性和经济性,通常是根据运营模式与条件确定相应的轨道结构。目前正在大力发展的高速、重载铁路强化轨道结构的措施有以下几个方面:

(1)采用重型化、强韧化、纯净化的钢轨。
(2)强化道岔结构及采用大号码道岔。
(3)铺设无缝线路或跨区间无缝线路。
(4)采用高强度轨枕、弹性扣件、优良硬质道砟及加大轨枕长度和断面。
(5)曲线轨道加强。

在铁路发展过程中,不同地区与国家逐步形成了相对稳定、相对合理的运输条件与工务工作的相互关系。

六、铁路线路维修与大型养路机械

铁路线路是铁路运输的基础,也是铁路运输的第一个基本条件。轨道在机车车辆动力作用下,在风、沙、雨、雪和温度变化等自然条件影响下,将产生一系列变化,这些变化包括弹性变形和永久变形。轨道的永久变形不仅影响列车的平稳运行,而且当这种变形积累到一定程度后,将大大削弱线路的强度和稳定性,威胁行车安全。因此,必须使铁路线路保持良好的状态,通过对线路的经常维修和进行定期修理,使其符合规定的技术标准。

铁路运输类型、方式的不同决定了轨道结构与维修模式也不相同。世界各国铁路线路基本均是以人工加简单工具进行最基本的工务维修；同时，为适应高速铁路、重载铁路和繁忙铁路在安全、舒适、稳定等方面在线路维修上的要求，开发出了相应的大型养路机械。大型养路机械的运用在铁路线路维修制式的建立与发展中起到了关键性作用。

1. 国外大型养路机械发展

世界上发达国家养路机械的发展，经历了小、中、大的一个完整过程。按年代划分，国外大型养路机械的发展大致可分为3个阶段，到20世纪80年代基本进入了大型化的时代。

（1）第二次世界大战结束后到20世纪60年代初期为第一阶段。战后，世界各国百废待兴，劳动力资源匮乏，在全力以赴恢复国民经济的进程中，确立了铁路在经济发展中的战略地位，设计生产新型的、高效成套的线路机械以替代新建、改建铁道线路亟须的人力资源成为必然的选择。最早研制大型养路机械的奥地利普拉塞公司，首先开发了大型捣固车，随后又开发出清筛机和稳定车、配砟车各一台。铁路养路机械的开发运用，大幅度地降低了每公里线路作业的用工量，机械化作业取得了显著的经济效益。

（2）从20世纪60年代初到70年代末为第二阶段。进入20世纪60年代，各国经济全面发展，各种运输方式的发展，对铁路的垄断地位提出了挑战。在激烈的竞争中，国际上出现了高速铁路、重载铁路和繁忙铁路，客运列车时速超过了200km/h，货物列车的轴重增加到20t以上；大功率机车提高了单机牵引力，出现了"万吨列车"；旅客列车舒适性的要求，促使各方向的稳定性、安全性、空调、减振、通信条件的提高，增加了铁路的竞争力。相应地，对线路结构质量和作业方式也提出了新要求。为适应铁路高速、重载及轨道结构重型化的发展要求，各国铁路大量使用现代化的新技术，如计算机技术、光电液压技术、自动控制技术、激光红外线技术，并采用新材料等；开发设计了大型养路机械，整机结构越来越大，越来越重，机械化程度和效率越来越高，价格也越来越昂贵。同时，机械的管理也越来越复杂，每个机组须配备一名工程师，操作人员必须接受专门的技术培训。各国制造业间的竞争更趋激烈，其结果是缩短了机械的更新换代周期，捣固车、清筛机、钢轨打磨车、动力稳定车、大修列车等的机型越来越丰富，形成了功能完备、品种配套的线路大修、维修机组。

（3）从20世纪80年代至今为第三阶段。由20世纪80年代开始，养路施工机械进入了大型化的时代。新型的DWL-48k三枕连续式捣固稳定车，已经得到广泛应用，一种更加先进的集四枕连续式捣固、动力稳定于一身的09-4X型综合作业车正在推广。在线路大修作业中，西方国家经常在干线上开设5~10h以上的"天窗"口，采用大修列车分别回收和铺设钢轨、轨枕（扣件由人工回收和铺设），然后再清筛道床、补充道砟，最后用联合作业机组整形——捣固、起拨道、抄平与稳定道床。经过这种大修作业后的线路，列车可以按原速运行，不需减速。国外线路90%左右已经采用机械化维修，多种机型配套组合运用显著提升了生产效率，线路作业用工量只是半个世纪前的十几分之一，所用现代化大、中、小型线路机械（包括各种大型机械动力装置的功率在1000kW以上、质量大于200t、自行速度100km/h以及小型手提式、质量只有几千克的手动机具）大约有100多个品种，其中很多已属高新机械设备。线路机械化水平已成为衡量各国铁路现代化程度的重要标志之一。

2. 我国铁路大型养路机械的发展

我国铁路线路在客货混跑过程中出现的病害种类多，需要维修养护的工作量大，所采用的维修方式大体上可分为3个阶段：

（1）20世纪60年代以前：人力养护维修阶段（图1-4～图1-6）。

(2)20世纪60~80年代：小型机械化养护维修阶段(图1-7)。

图1-4 人力养护维修阶段线路整修大会战

图1-5 手工维修场面

图1-6 人工维修场面

图1-7 小型捣固机作业

(3)20世纪80年代至今：大型养路机械养护维修阶段。

自从1984年从国外引进大型养路机械进行线路维修、大修以来，铁路工务系统的作业方式和维修体质发生了根本性的变革，线路养护修理的质量、效率得到极大的提高。施工与运行的矛盾得到很大程度上的缓解，施工生产中的事故明显减少。特别是在铁路6次大提速工程中，大型养路机械更是发挥了不可替代的作用，已成为确保线路质量、提高既有线路效能，保证高速、重载、大密度铁路运输，必不可少的现代化装备。

20世纪60年代以前，传统的人力养护和小型机械化维修模式，设备简陋，劳动强度大，养护工作繁重。例如：更换1km的钢轨，仅质量就有100t以上。更换1km钢筋混凝土轨枕，需要10辆50t的车皮来运输。清筛1km道床需要800~1000个工时。

有人计算过，捣固枕木时用的4.25kg"洋镐"，一个工人每天大概要举起2500次之多，累计举重11t，做功达到24.2t·m（1t·m＝10kJ）。

3. 大型养路机械应用优势

大型养路机械可用于繁忙干线、干线、客运专线和特殊困难线路等国有铁路、城际高速铁路、地铁线路的大修与维修，也是新建线路常用的重要施工设备(图1-8)，其优势有以下5点：

(1)为高速、重载、繁忙线路的运行提供安全保障。
(2)缓解了运输和施工矛盾，挖掘了运输潜力。
(3)减少线路大、维修用工和临时检修工作量。
(4)延长了维修周期，保证施工安全，提高列车开通速度。
(5)提高铁路运输经济效益。

图 1-8　大型清筛机作业

国际上,大型养路机械方面与我国进行技术合作的有奥地利普拉塞-陶依尔公司、瑞士马蒂萨公司、美国哈斯克公司等。

学习项目二　线路病害与大型养路机械使用管理规则

▶▶ 一、铁路线路病害

铁路线路的传统结构是有砟轨道,有砟轨道的主要特点是轨下基础采用散粒体道床。自铁路诞生以来,对有砟轨道的修理工作就集中在道床作业上。铁路线路在高速、重载运输状态下,经常出现病害类型包括:线路的残余变形;钢轨磨耗;冲击破损;疲劳损伤等。

1. 线路的残余变形

按其表现形式分为两大类:

(1)线路在纵向和竖直方向内几何形位的改变。主要表现为直线及曲线上水平、高低及轨向不良,出现"三角坑"等病害。所谓"三角坑",即在 18m 范围内的距离,先是左股钢轨高,后是右股钢轨高,以前后两点的水平正负误差的代数差,超过规定时为三角坑。这时就会出现车轮不能全部正常压紧钢轨的情况,在最不利的情况下甚至可能爬上钢轨,引起脱轨事故,如图 1-9 所示。

图 1-9　三角坑病害
1—凹点;2—凸点

(2)横向与纵向综合残余变形,如图 1-10 所示。发生此类线路残余变形的原因,主要是机车车辆与线路相互作用的结果。残余变形导致的后果是线路几何形状和尺寸发生显著扭曲与变化;残余变形往往又带有明显的不均匀性和不一致性,从而构成线路的不平顺。这种线路的不平顺性,即使是微小的,也将显著增加机车车辆对线路的附加动力作用。不平顺性越大,则附加动力作用越大,钢轨及其轨下基础负荷越重,残余变形的幅度及其积累越快,线路承载能力越低。

图 1-10　横向与纵向综合残余变形

线路出现这种病害,需要根据变形程度,分别采用捣固车、清筛车、配砟车、动力稳定车进行整修,或组成大修、维修机组,制订施工方案,在统一"天窗点"内施工作业,以消除病害,恢复线路几何尺寸与平顺。

2. 钢轨磨耗

钢轨磨耗,主要是指钢轨的垂直磨耗、侧面磨耗和波浪形磨耗,如图 1-11、图 1-12 所示。垂直磨耗,一般情况下是正常的,随着轴重和通过总重的增加而增大。轨道几何尺寸未达标,会使垂直磨耗速率加快,这是要防止的,可通过调整轨道几何尺寸解决。

图 1-11　钢轨垂直磨耗与侧面磨耗

3. 冲击破损

冲击破损包括:点蚀磨损(图 1-13)、轨道肥边磨损(图 1-14)、轨面破损(图 1-15),是车辆轮对与钢轨冲击破损造成的轨道工作边表面缺陷,这种现象若长期存在将引起轨道表面尺寸破坏,加剧轨道破损与变形。

修复此类病害需要采用钢轨打磨(铣磨)车进行整治,严重时需要换轨施工,长距离线路换轨可以采用大修列车进行线路换轨施工。

图1-12　波浪形磨耗

图1-13　点蚀磨损

图1-14　肥边磨损

4. 疲劳伤损

钢轨、道岔及其他组成部件的疲劳伤损,主要表现有,钢轨接头鞍形磨耗(图1-16)、低接头、钢轨破损(图1-17)、夹板弯曲或断裂、接头错牙、道床结硬和溜坍等。这类病害需要采用道岔捣固车、大修列车进行换轨、清筛等线路大修施工处理。

此外,在曲线上还会出现"鹅头"、曲线钢轨接头"支嘴"、缓和曲线状态不良和曲线钢轨磨耗等病害,道岔上还会出现尖轨和岔心等处的病害。

图 1-15　轨面破损

图 1-16　接头鞍形破损

图 1-17　钢轨断裂

以上几种是铁路线路的主要危害形式,其中,三角坑、断裂、波浪形磨耗、钢轨肥边、马鞍形磨耗等对列车安全影响最大。由于产生线路危害的原因和缺陷表现形式各不相同,采用大型养路机械作业的施工方案也不尽相同,修复处理的方式方法各有不同。采用合适的大型养路机械、选择最佳施工方案,经济合理地安排车辆、人员、设备,严格按照规定恢复线路几何尺寸标准,保证线路安全准时畅通是大型养路机械运用管理须面对的主要任务。

二、铁路大型养路机械使用管理规则

我国铁路线路设备修理分为线路设备大修和维修、日常保养等。

科学合理的线路维护工作,不仅是铁路安全运输的必要保障,同时也可节省大量的运营投入。合理地划分与组织维护工作,规定各类工作的性质、内容、标准、要求和实施周期是大型养路机械运用管理的重要内容。

线路修理的修程与修理周期的确定,涉及国情和路情、运营条件与结构标准、修理制度和作业手段、技术政策与经济政策。因此,它不仅仅是一个技术问题,也是一项政策性很强的工作。为保证铁路线路状态良好,使列车按规定速度安全、平稳、不间断运行以及延长线路各部分使用寿命,原铁道部相应制定了《大型养路机械使用管理规则》(铁运〔2006〕227号)。

(1)目的

加强铁路大型养路机械使用管理,保证大型养路机械技术性能稳定和运用安全,充分发挥大型养路机械的社会、经济效益。

(2)基本方针与原则

依靠技术进步,促进生产发展;预防为主,养修并重。集中管理、统一使用,坚持保养与检修相结合,修理、改造与更新相结合,技术管理与经济管理相结合的基本原则。

(3)基本任务

贯彻执行上级有关方针、政策、法令、法规;通过技术、经济和组织措施,对大型养路机械进行综合管理,做到全面规划、择优选购、合理配置、正确使用、精心养护、安全运行、科学检修、适时改造和更新,使设备经常处于良好的技术状态,充分发挥大型养路机械的效能。

(4)运用范围

大型养路机械主要运用于繁忙干线、干线、客运专线和特殊困难线路等国有铁路、城际高速铁路、地铁线路的大修与维修等。

(5)主要特点

①有领导、有组织地编制远期和近期作业规划和计划,并监督实施。

②设立专门机构研究和制订线路作业组织和工艺。

③根据不同等级线路及不同类型轨道结构,按周期进行线路作业。

④采用大型、高效、综合线路机械,在"天窗"内进行线路作业,并注重提高"天窗"利用率和综合经济效益。

⑤搞好运输各部门间的协调配合,制订和采用定型的线路作业组织和工艺。

1. 线路"天窗"维修制度

"天窗"是指列车运行图中不铺画列车运行线或调整、抽减列车运行,为营业线施工和维修作业预留的时间。凡影响行车的线路施工、维修作业均应在天窗内进行,用于线路大、中修及大型养路机械作业的施工天窗不少于180min,维修天窗根据维修作业需要合理安排,并应做到综合利用,平行作业。

线路设备维修贯彻"预防为主,防治结合,修养并重"的原则,按照线路设备技术状态的变化规律和程度,适时进行相应的综合维修、经常保养和临时补修,有效地预防和整治线路病害,有计划地补偿线路设备损耗,以取得较好的技术经济效益。

根据现有高速线路维修记录分析如下:

(1)尽管在同一区段内线路设备、铺设的几何状态、运营荷载均相同,但在线路的几何状态方面,区段与区段之间的差异却很大;局部条件,特别是道床的实际性质及其老化使其有非常大的变化,必须进行相适应的维修作业。

(2) 维修作业总的历史过程说明:在新建线路的稳定期过后,每年需要机械化捣固施工作业的量非常高(占线路的 60% 左右);缩短机械化捣固作业周期无益于保证道床质量,效果也不能持久。要求线路质量过高,将投入很高的维修费用。

(3) 当线路横向或水平状态很差时,起拨道作业可以有效的恢复线路几何状态。与此同时,在捣固作业之后很快进行钢轨打磨也可获得较好的作业质量,抑制不良状态的发展。通过钢轨打磨作业来改善钢轨表面状态和将机械化捣固与打磨作业协调进行是优化施工作业的途径之一。

综上所述,由于我国铁路线路点多线长,地域分布广、环境差别大,使用铁路大型养路机械进行线路大修、维修等方面尚有许多亟待解决的问题需要逐一掌握和了解,在严格执行使用管理规则过程中,还要针对不同地区的不同线路研究有效的施工组织方案。

2. 保持轨道平顺性采取的主要技术措施

(1) 严格控制轨道的初始不平顺。在高速铁路的路基修筑时,保证严格的密实度标准;钢轨出厂前严格校直低接头;一次铺成无缝线路;打磨钢轨,磨平焊缝等初始轨面不平顺;按作业质量验收标准来控制初始不平顺。

(2) 采用保持平顺性好的重型高稳定性轨道结构。采用 60kg/m 重型钢轨无缓冲区无缝线路;采用平顺性好、大号码可动心轨道岔;采用优质硬质耐磨级配道砟;采用横向阻力大的轨枕或无砟轨道;采用弹性好、可靠性高的扣件、垫板。

(3) 采用保障行车安全的紧急补修和限速管理标准。

(4) 采用先进的轨道维修管理技术。根据轨道实际状态制订维修计划、实行日常保养、预防性计划维修、紧急补修的维修管理制度。

(5) 建立保障高速列车运行安全的轨道不平顺限速管理紧急处置系统。设置轨检车—行车指挥—工务管理部门间的无线通信联络及申报、批准下达限速命令的系统。

(6) 采用先进的轨道状态控制技术和设备。

3. 维修质量评定指标

线路的综合质量评定指标,主要由轨道检查车及综合检测列车检测数据进行分析得出,如果达到警告限值,必须安排维修。

另一类特殊的技术评定指标是超声波钢轨探伤车的检测数据等。

大型养路机械是用于线路修理作业的重要施工设备。自从 1984 年从国外引进大型养路机械进行线路维修、大修以来,铁路工务系统的作业方式和维修体制发生了根本性的变革,线路养护修理的质量、效率得到极大的提高。施工与运行的矛盾得到很大程度缓解,施工生产中的事故明显减少。特别是在铁路 6 次大提速工程中,大型养路机械更是发挥了不可替代的作用,已成为确保线路质量、提高既有线路效能,保证高速、重载、大密度铁路运输必不可少的现代化装备。

近 30 年来,大型养路机械在维护、改善主要干线线路质量、提速扩能、新线开通、保证行车安全和促进工务维修体制改革等方面都取得了显著的成果,已成为我国铁路新线开通和线路维修中不可缺少的重要保障。与此同时,借鉴国外的经验,结合我国铁路的实际,也确立了我国铁路大型养路机械的发展模式,并且形成了具有中国特色的管理体系。发展大型养路机械已列入铁路跨越式发展的重要内容,并且被确定为表征我国铁路技术进步的重要标志,我国铁路大型养路机械已进入了持续、规范发展的新阶段。

学习项目三　高速铁路与无缝线路

▶▶ 一、高速铁路的定义及特点

高速铁路是当代铁路的一项新的重大技术成就。它以快速、方便、舒适的特点和能力大、能耗小、污染轻、占地少、成本低、安全好的优势,适应了现代化的需要,并将成为世界铁路建设的发展趋势。图1-18所示为"和谐"号高速动车组。

图1-18　"和谐"号高速动车组

世界上,首先以法律条文形式明确高速铁路定义的是1970年5月日本的第71号法律《全国新干线铁路整备法》。该法明确规定:"列车在主要区间以200km/h以上速度运行的干线铁路称为高速铁路。"1985年5月,联合国欧洲经济委员会将高速铁路的最高速度定为客运专线300km/h,客货混线250km/h。1986年1月,国际铁路联盟秘书长勃莱认为,高速铁路的最高速度至少应达到200km/h。

目前,通常认为,速度在140km/h以下为常速铁路,速度在140~200km/h为准高速铁路,速度在200~400km/h为高速铁路,速度在400km/h以上为超高速铁路。

▶▶ 二、世界高速铁路的发展

1964年10月1日,世界上第一条高速铁路——日本东海道新干线建成通车,当时最高运行速度为210km/h,使东京—大阪的运行时间从6.5h缩短到3h。目前世界上投入运营的速度不小于250km/h的高速铁路总长达8000km以上,拥有高速铁路的国家和地区主要有德国、法国,西班牙、意大利、荷兰、比利时、英国、日本、韩国、中国大陆和台湾地区。

1994年,我国广深线准高速铁路改造工程告捷,带动了中国铁路的大提速,至今全国干线已经历6次提速;截至2014年年底,200km/h以上的高速铁路运营里程已达1.6万km。

20世纪60年代,高速列车最高运行速度大体上是210~240km/h,70~80年代为270km/h,90年代为300km/h,21世纪初达到330~350km/h。

▶▶ 三、高速铁路的优势与维修管理模式

1. 高速铁路的优势

高速铁路具有3点优势:

(1)高速铁路速度快,省时间,安全系数高,乘坐空间大,舒适又方便,价格又适宜,迎合了现代社会出行的需求,因而受到人们的青睐,成为世界各国振兴铁路的强大动力。

(2)高速铁路运输系统是铁路大面积吸纳现代高科技成果进行技术创新的产物,采用包括轨道全封闭设计、无缝线路技术等,线路平顺性好、阻力小,行车平稳、旅客乘坐舒适。它推动铁路科学技术和装备登上一个崭新的台阶,增强了铁路的竞争力。

(3)高速铁路不仅运输能力特别大,有年运输量可达亿人次以上的优势,又有减少环境污染的优势,因而特别适宜于大运量的城市间、城市群的高频率运输。旅行时间的节约,旅行条件的改善,旅行费用的降低,再加上国际社会对人们赖以生存的地球环保意识的增强,使得高速铁路在世界范围内呈现出蓬勃发展的强劲势头。

2. 高速铁路的维修管理模式

高速铁路的发展与各国经济实力、国土面积、资源分布、科技水平等密切相关;铁路轨道的装备特点、维修养护与管理模式除受这些因素影响外,还直接与各国的运输条件、建设理念有关。比较世界各国高速铁路在维修与管理方面的区别,可以借鉴以下几种模式:

(1)专门用于旅客快速运输的新建高速铁路干线,如日本新干线和法国高速铁路均为客运专线,白天行车,夜间维修。

(2)新建高速铁路双线,实行客货共线运行,如意大利罗马—佛罗伦萨高速铁路客运速度250km/h,货运速度120km/h。

(3)部分新建高速线与部分既有线混合运行,如德国柏林—汉诺威线,承担着客运和货运任务。

(4)在既有线上使用摆式列车运行,这在欧洲国家多见;在美国"东北走廊"行驶的摆式列车速度为240km/h。这些国家的高速铁路线路维修基本上以大型养路机械机组实行状态检修与预防维修的管理模式。

▶▶▶ 四、无缝线路、温度力、温度应力与锁定轨温

1. 无缝线路

有轨缝的线路钢轨接头是普通线路构造上的薄弱环节之一,对铁路运营和养护维修有以下的主要弊端:

(1)车轮跨越轨缝接头会产生很大的撞击声,并引起列车振动使旅客感到不适;

(2)车轮冲击钢轨端部,产生高达几万牛顿的冲击力。这种冲击力,一方面加速了钢轨和车轮的磨损,另一方面还造成轨下基础的低陷和夹板折断,严重时甚至会危及行车安全。

无缝线路是由多根标准长度的钢轨焊接而成的线路。与普通线路比较,在相当长的一段线路上消灭了钢轨接头,因而具有行车平稳、旅客舒适、节省接头材料、降低维修费用、延长线路设备和机车车辆的使用寿命等优点,并能适应高速行车的要求,因此,它是铁路轨道发展方向之一。然而,其应用也有一定的难度,例如,钢轨焊接成很长的轨条,给无缝线路的铺设与钢轨的运输带来一定的困难;接头焊接的质量对无缝线路影响很大;钢轨接头焊接后,钢轨不能自由伸缩,因气温变化而引起的钢轨伸缩须加特殊处理;无缝线路要采取与普通线路不同的养护维修方法,才能保证行车安全等。

目前,我国的高速铁路已经发展为全区间无缝线路,不仅要求允许速度为120(不含)~160km/h的线路铺设跨区间或全区间无缝线路,而且允许速度大于160km/h的线路应铺设跨区间无缝线路。

温度应力式无缝线路,一般由固定区、伸缩区、缓冲区3部分构成:固定区长度不得小于50m;伸缩区长度应根据年轨温差幅值、道床纵向阻力、钢轨接头阻力等参数计算确定,一般为50～100m;缓冲区一般由2～4节标准轨(含厂制缩短轨)组成,普通绝缘接头为4节,采用胶接绝缘接头时,可将胶接绝缘钢轨插在2节或4节标准轨中间。缓冲区钢轨接头必须使用不低于10.9级的螺栓,螺栓扭矩应保持在700～1100N·m。绝缘接头轨缝不得小于6mm。铺设无缝线路时,要用中间扣件予以锁定,使之不能因温度变化而自由伸缩,因而在钢轨内部产生温度力,温度力的大小随轨温变化而不同。一般并不放散其钢轨的温度力。夏天轨温上升,钢轨欲伸长时受到的温度应力是压应力;冬季轨温下降,钢轨欲缩短时受到的温度应力是拉应力。温度应力只表示每平方厘米钢轨断面上受到的力。

据测算,经锁定的钢轨,当轨温升降1℃时,每平方厘米钢轨断面上产生的力(压应力或拉应力)是250N(N,牛顿,力的单位,1fkg＝9.8N≈10N)。

2. 温度应力

无缝线路钢轨在充分锁定状态下的伸缩,为限制伸缩。限制伸缩量与钢轨长度无关。无缝线路的钢轨被锁定,自由伸缩量不能实现的部分转化为钢轨的应力。

温度应力就是在无缝线路上由于轨温变化引起的,因钢轨伸缩受到限制而形成的钢轨内部应力。温度应力(N)的计算公式:

$$温度应力 = 250\Delta t$$

式中: Δt ——轨温变化度数(℃)。

3. 温度力

温度力,即在无缝线路钢轨全断面上受到的温度应力。温度力的大小和钢轨长度无关,所以从理论上讲,无缝线路可以铺得无限长。

温度力的计算公式:

$$P_t = 温度应力 \times F = 250 \times \Delta t \times F$$

式中: P_t ——温度力(N);

Δt ——轨温变化度数(℃);

F ——钢轨断面积(cm^2)。

无缝线路钢轨承受的温度力相当大。当轨温变化1℃时,不同类型的钢轨全断面上受到的温度应力,即温度力如表1-1所示。

温度应力一览表　　　　　　表1-1

钢轨(kg/m)	钢轨断面积(cm^2)	温度力(N)
50	65.8	16450
60	77.45	19362.5
75	95.04	23760

温度应力和温度力是两个重要概念。无缝线路的钢轨,随轨温的变化要承受巨大的温度力,这是无缝线路区别于普通线路的一个重要特点,也是无缝线路维修养护工作中必须考虑的一个特殊问题。

4. 锁定轨温

无缝线路锁定时的轨温叫锁定轨温。锁定轨温是"零应力轨温",是轨温变化度数的基数。锁定轨温定得过高,冬天最低轨温容易发生钢轨被拉断的事故;锁定轨温定得过低,夏天最高轨温时容易发生胀轨、跑道,故锁定轨温一经确定不允许随意改动。

当轨温发生变化时,钢轨不受任何阻碍的伸缩叫自由伸缩。钢轨未经锁定时的伸缩可看作自由伸缩。自由伸缩量的计算公式:

$$\Delta L = \alpha L \Delta t$$

式中:α——钢轨膨胀系数;
　　L——无缝线路钢轨长度(cm);
　　Δt——轨温变化度数(℃)。

因无缝线路的结构特征能够最大限度地满足高速铁路运行安全性、平稳性、舒适性等要求,因而在高速铁路迅速发展的同时,无缝线路维修技术也取得了较大的进步,无论是线路维修机械的种类还是质量水平,无论是机械的功能还是智能化程度,都达到了很高水平。20世纪80年代,工业发达国家的铁路已形成以大型养路机械为主要作业手段的格局,而高速铁路的修理则形成了机械功能齐全、作业质量优良、自动智能控制的模式。

五、无缝线路养护维修

无缝线路养护维修,应根据季节特点、锁定轨温和线路状态,合理安排全年维修计划。

1. 作业安排

一般应在气温较低的季节,尽量安排锁定轨温较低或薄弱地段的综合维修;气温较高的季节,尽量安排锁定轨温较高地段的综合维修。高温季节,应尽量不安排综合维修和其他影响线路稳定性的作业。如必须进行综合维修或成段保养时,应有计划地先将应力放散后作业,以后要在设计锁定轨温范围内,重新做好放散和锁定线路工作。其保养和临时补修,可采取调整作业时间的办法进行。高温季节,可安排矫直钢轨硬弯、钢轨打磨、焊补等不动道床的作业。在较低温度下,如需更换钢轨或夹板时,可采用钢轨拉伸器配合作业。无缝线路综合维修计划,以每段长轨条或单元轨条(跨区间及全区间无缝线路,以一次铺设锁定的轨条长度为一个单元轨条)为单位安排作业,遇有跨工区的长轨条或单元轨条时,应由两工区协同安排。

2. 维修要求

无缝线路维修,必须掌握轨温,观测钢轨位移,分析锁定轨温变化,按实际锁定轨温,根据作业轨温条件进行维修,严格执行"维修作业半日一清,临时补修作业一撬一清"和作业前、作业中、作业后测量轨温的制度,并注意做好以下各项工作:

(1)在维修地段按需要备好道砟。
(2)起道前应先拨正线路方向。
(3)起、拨道机不得安放在铝热焊缝处。
(4)列车通过前,起道、拨道应做好顺坡、顺撬。
(5)扒开的道床应及时回填、夯实。

3. 应力放散

无缝线路的锁定轨温,必须准确、均匀,有下列情况之一者必须做好放散或调整:

(1)实际锁定轨温不在设计锁定轨温范围以内,或左右股长轨条的实际锁定轨温相差超过5℃。

(2)锁定轨温不清楚或不准确。

(3)跨区间和全区间无缝线路的两相邻单元轨条的锁定轨温差超过5 ℃,同一区间内单元轨条的最高、最低锁定轨温相差超过10℃。

(4)铺设或维修方法不当,使长轨条产生不正常的伸缩。

(5)固定区或无缝道岔出现严重不均匀或不正常的位移。

(6)夏季线路轨向严重不良,碎弯多。

(7)通过测试,发现温度力分布严重不均。

(8)因处理线路故障或施工改变了原锁定轨温。

(9)低温铺设长轨条时,拉伸不到位或拉伸不均匀。

无缝线路应力放散方法,应根据具体条件决定,一般采用滚筒配合撞轨法。总的放散量要达到计算数值,沿钢轨全长放散量要均匀,确定锁定轨温要准确。放散或调整应力时,应每隔50~100m设一位移观测点,观测钢轨位移量,及时排除影响放散的障碍,达到放散均匀。应力放散和调整后,应按实际锁定轨温及时修改有关技术资料和位移观测标记。

4.防胀与防断

(1)预防胀轨跑道和长轨条折断是无缝线路养护维修的根本任务。防胀工作首先要保持线路设备状态完好,特别是道床必须饱满、密实、清洁,按规定加宽、堆高砟肩,有足够的横向阻力;各种扣件和防爬设备完整并作用良好,保持正常的轨道框架刚度;轨向顺直,及时消除超弯曲。其次,各项作业必须严守规章,防止作业不当,特别是防止违章作业。高温季节要加强轨道的监控,尤其是轨向的监控,发现胀轨预兆,应立即采取措施,必要时应使列车慢行通过,切不可存在侥幸心理,冒险放行列车。还应做好锁定轨温的日常技术管理工作。

(2)防止长轨条折断,首先应严格焊接工艺,提高焊接质量,对焊缝病害要及时整治。同时要提高线路质量,消灭空吊板和爬行等病害,对高温锁定的无缝线路,要在设计锁定轨温范围放散应力。加强钢轨探伤,发现钢轨或焊缝重伤,及时上好臌包夹板和急救器,或在钢轨上钻孔,上夹板和高强度螺栓加固,如重伤范围较长,不能加固时,应切除重伤部分,插入短轨焊复。

(3)桥上作业注意事项。桥上无缝线路养护工作,应按照设计文件规定,保持扣件布置方式和拧紧程度;桥上钢轨焊缝应加强检查,发现伤损应及时处理。基本轨出现磨损、飞边等缺陷,应及时打磨。

练习题

1.铁路线路的组成与轨道常见病害有哪些?
2.线路"三角坑"带来什么样的危害?
3.大型养路机械运用管理有哪些规定?
4.大型养路机械的运用对铁路线路维修带来哪些变化?
5.无缝线路如何解决温度应力与锁定轨温?

单元二

大型养路机械类型及作业特点

【知识目标】

1. 熟悉捣固车、清筛机、动力稳定车、配砟整形车、钢轨打磨车、大修列车基本参数和技术参数;

2. 掌握捣固车、清筛机、钢轨打磨车适用范围及处理线路病害的基本功能;

3. 了解动力稳定车、配砟整形车、大修列车在线路施工作业中的作用。

【能力目标】

1. 明确区分各种捣固车、清筛机、动力稳定车、配砟整形车、钢轨打磨车、大修列车类型;

2. 准确说明捣固车、清筛机、动力稳定车、配砟整形车、钢轨打磨车、大修列车适用线路作业工况;

3. 基本掌握主要型号的大型养路机械作业效率与特点。

大型养路机械种类繁多,据不完全统计,国内外大型养路机械已有七大类型、十七个系列的品种。目前我国各工务机械段线路施工常用的主要设备有:DC-32k 捣固车、CDC-16k 道岔捣固车、WD-320 动力稳定车、QS-650k 全断面道砟清筛车、SPZ-200 双向配砟整形车、PGM-48 钢轨打磨(铣磨)车、大修列车等。本单元重点介绍各种常用机型结构与作业特点,为合理使用大型养路机械,消除线路轨道危害,最大限度地发挥其作用,提高生产效率奠定基础。

学习项目一 捣 固 车

▶▶ 一、捣固车概述(本节内容均以最常用的 DC-32k 捣固车为例)

DC-32k 捣固车(以下简称捣固车)用在铁路线路的新线建设、旧线大修清筛和运营线路维修作业中,对轨道进行拨道、起道抄平、道砟捣固及道床肩部道砟的夯实作业,使轨道方向、左右水平和前后高低均达到线路设计标准或线路维修规则的要求,提高道床石砟的密实度,增加轨道的稳定性,保证列车安全运行,如图 2-1 所示。

图 2-1 捣固车的功能

捣固车可以单独进行起道抄平、拨道作业或是捣固作业,但是为了提高作业质量,一般情况下都是起道、拨道、超平、夯实、捣固作业同时进行,即综合作业。

捣固车与配砟整形车、动力稳定车配套作业,成立维修机组,在"天窗"点同时施工作业。这种机组,一般由两台捣固车、一台配砟整形车、一台动力稳定车构成,可以充分利用"天窗"时间较大地提高线路效率和质量,作业后线路的允许行车速度可以达到 80km/h 以上,同时,可减少列车慢行次数。

捣固车必须封闭线路进行作业,捣固车在运行状态下与其他机械连挂进入封闭区间,到达作业地点后,机组解体,捣固车由运行状态转换为作业状态后开始工作,作业中捣固车需要操纵及辅助人员 5~7 人,若线路封闭 3h,捣固车可以完成 2km 左右的线路综合维修。

捣固车运行时,在一端司机室由一人驾驶,最高运行速度达 80km/h,长途运行时捣固车须编挂在货运列车的尾部。

▶▶ 二、捣固车的类型

按同时捣固轨枕数分为：单枕捣固车（如DC-16中型捣固车）、双枕捣固车（如DC-32k捣固车、DCL-32k连续式捣固车、三枕捣固车（如DWL-48k连续式三枕捣固稳定车）；

按作业对象分为：线路捣固车（如DC-32k捣固车），道岔捣固车（如CDC-16k道岔捣固车）；

按作业走行方式分为：步进式捣固车（如DC-32k捣固车）、连续式捣固车（如DCL-32k连续式捣固车）。

1. DC-32k捣固车

DC-32k捣固车是大型养路机械中线路大、维修机组主要设备，也就是国内刚刚引进时候的08-32型捣固车，也称D08-32捣固车，如图2-2所示。它结构先进，功能齐全，有32个捣固镐头。机、电、液、气为一体，采用了大量的先进技术，如电液伺服控制技术、自动检测技术、微机控制技术、激光准直等，具有操作简便、性能良好、作业高效的特点。该设备为双枕捣固车，作业走行为步进式，能进行起道、拨道、抄平、钢轨两侧枕下道砟捣固和枕端道砟夯实作业。该机利用车上测量系统，可对作业前、后线路的轨道几何参数进行测量和记录，并通过控制系统按设定的轨道几何参数进行作业，如表2-1所示。DC-32k捣固车作业方式为"定点式"捣固，即一次捣固循环周期为：主机运行→主机制动→捣镐振动下插→捣镐枕下夹实。

图2-2 DC-32k捣固车

DC-32k捣固车作业条件 表2-1

项 目	作业条件	项 目	作业条件
钢轨(kg/m)	50、60、75	线路最大坡度(‰)	33
轨枕	木枕或混凝土轨枕	最小作业曲线半径(m)	120
道床	碎石道床	最小运行曲线半径(m)	100
总重(含材料车)(t)	50.5		
作业线路	单线或线间距4m及以上的复线与多线	环境温度(℃)	-10～+50
轨距(mm)	1435	特殊环境	可在雨天和夜间及风沙、灰尘严重的情况下作业
线路最大超高(mm)	150		
外形尺寸 长(mm)×宽(mm)×高(mm)	23330×3100×3650	作业效率(m/h)	1000～1300
		最大起道量(mm)	150

续上表

项　　目	作业条件	项　　目	作业条件
转向架芯盘距(mm)	11000	最大拨道量(mm)	±150
转向架轴距(mm)	1500	捣固深度(mm)	570(由轨顶向下)
材料车轴至后转向架中心距(mm)	5800	横向水平作业精度(mm)	±2
发动机功率(kW)	235	测量精度(mm/m)	±1/20
轮径(mm)	φ840	纵向高低作业精度(mm)	4(直线10m距离两测点间高差)
正矢(mm)	±2(16m弦长在每4m距离内测量)	横向水平(mm)	±2

2. DCL-32k连续式捣固车

DCL-32k连续式捣固车是我国在引进技术的基础上国产化的新机型,是DC-32k捣固车的换代产品,也是目前世界上先进的线路捣固机之一,具有较高的作业精度和作业效率,也就是国内刚刚引进时候的09-32捣固车,也称D09-32捣固车,如图2-3所示。

图2-3　DCL-32k捣固车

(1)捣固车的结构特点是:捣固头、夯实器、起拨道等主要机构安装在车体下部的一台作业小车上,工作时,作业小车与主机差速运动,主机始终连续、匀速地向前行进,工作小车在主机下部以钢轨导向步进作业。从一根枕木到下一根枕木循环移动,一次捣固循环周期为:工作小车运行→工作小车制动→捣镐振动下插→捣镐枕下夹实→捣镐提升。步进式运动的部分占整机质量的20%左右,所以其运动惯量小,动力消耗少,其加速度得以尽可能地提高,从而缩短了步进时间,提高了作业效率。在同样具备激光准直,计算机控制的抄平、起拨道、捣固、夯实等功能的情况下,其作业效率比DC-32k捣固车提高30%左右。又由于主机是匀速行进,操作人员在主机的驾驶室内,消除了作业时车体频频起动与制动的晃动,改善了操作条件,提高了使用安全性,延长了机械使用寿命。现在国外发达国家都已采用连续式捣固车进行线路维修和大修作业,以提高作业精度和效率,特别是重载和繁忙干线,其经济效益非常可观。在我国已经逐步应用DCL-32k替代DC-32k捣固车,如表2-2所示。

DCL-32k 捣固车作业条件 表2-2

项　目	作业条件	项　目	作业条件
钢轨(kg/m)	50、60、75	线路最大坡度(‰)	33
轨枕	木枕或混凝土轨枕	最小作业曲线半径(m)	250
道床	碎石道床	最小运行曲线半径(m)	180
总重(t)	69	镐头振动频率(Hz)	35
作业线路	单线或线间距4m及以上的复线与多线	镐头振幅(mm)	约12.5
轨距(mm)	1435	特殊环境	可在雨天和夜间及风沙、灰尘严重的情况下作业
线路最大超高(mm)	150		
外形尺寸 长(mm)×宽(mm)×高(mm)	26500×2990×3650	作业效率(m/h)	1500～1800
		最大起道量(mm)	150
转向架芯盘距(mm)	13800	最大拨道量(mm)	±150
转向架轴距(mm)	1800	捣固深度(mm)	560(由轨顶向下)
材料车轴至后转向架中心距(mm)	7500	横向水平作业精度(mm)	±2
轮径(mm)	φ840	纵向高低作业精度(mm)	4(直线10m距离两测点间高差)
环境温度(℃)	−10～+50	测量精度(mm/m)	±1/20
发动机功率(kW)	370	工作电源(V)	24(DC)

(2)捣固车的主要特点有以下几点：

①采用异步捣固原理,起、拨、捣固同时进行,能在起道同时将道砟密实,对保证轨道的几何形位,提高稳定性最为有利。

②连续式的起道量均匀,不会出现"鼓包"和"坑凹"。

③具有枕端夯实的功能。在捣固的同时,对枕端道砟进行夯实,可阻止道砟自枕端溢出,有利于枕底道砟挤紧密实,且能直接提高约10%的线路横向阻力,对提高线路捣固质量和稳定性极有好处。

④在同一作业地点同时完成起、拨、捣和枕端夯实作业,不仅能充分保证作业质量,而且效率高。根据线路作业需要,也可将起、拨、捣、夯作业单独进行。

⑤先进的检测系统。DCL-32k捣固车采用电子计算机控制系统,由机、电、液机构自动反馈执行得以实现各种作业功能。在作业中可实现人工、半自动或自动控制。计算机为工业PC机,能存储各种线路的几何参数及作业所需的正矢补偿值。当线路状态未知时,该系统能通过本车检测获得线路状态参数,经处理后提供出指导作业的优化参数,以控制机器作业。其作业精度为:起道作业精度;横向水平:±2mm;纵向水平:直线10m的两测点之间的差为4mm。拨道作业精度,用16m弦长在4m距离内测量最大正矢误差为±2mm。能自动记录作业精度和检测结果。

⑥在长大直线区段进行拨道作业时,为提高线路的准直精度,可在机器前方轨道上200～600m的距离内安置一个激光发射器,使拨道精度达到每300m不大于±1.5mm。

3. DWL-48k 连续式三枕捣固稳定车

DWL-48k 连续式三枕捣固稳定车是目前世界上最先进的线路捣稳综合作业机械,具有很高的作业精度和作业效率,它的重大创新在于实现了以连续作业方式一次捣固 3 根轨枕,同时能够对捣固后的线路进行稳定作业,使捣固与稳定作业一次完成。DWL-48k 连续式三枕捣固稳定车的基本作业原理与 DCL-32 捣固车相同,即捣固机与主车架分离,捣固车主车架向前连续、匀速运行,捣固机在主机下部以钢轨导向步进作业。此外,该捣固装置是可分式结构,以便枕距不均匀时根据需要进行作业。此时,只有半个捣固装置下降实施捣固,整台设备作为单枕捣固机进行作业。

DWL-48k 连续式三枕捣固稳定车是引进 PLASSER&THEURER 公司最新技术生产的新一代大型养路机械,能够实现三枕捣固作业,比连续式双枕捣固车效率提高 30%～40%,是当今世界上作业精度和作业效率最高、性能最先进的线路捣固稳机械之一,如图 2-4 所示。该机采用工作小车与主车架分离技术,主机连续均匀向前运行,工作小车以钢轨导向步进作业,减少能量损耗,提高了操作舒适性,延长机器的使用寿命。并填补了国内捣固稳定综合作业车的空白。可较好满足我国繁忙干线的高精度快速维修保养的需求。

图 2-4　DWL-48k 连续式三枕捣固稳定车

DWL-48k 连续式三枕捣固稳定车是基于连续式捣固车技术并结合多年实践经验进一步开发而成的高精度、高效率、低能耗、注重环保和人体工效学的新一代大型养路机械。DWL-48k 连续式三枕捣固稳定车与国内其他捣固车的最大区别是两侧的三轨枕捣固装置在作业过程中能同时捣固三根轨枕并能同时进行线路稳定作业。DWL-48k 连续式三枕捣固稳定车广泛采用多种全新技术,包括三枕捣固装置技术、线路动力稳定技术、捣固稳定匹配控制技术、工作小车双液力驱动轴转向架技术、整体结构的起拨道装置、大功率水冷发动机、新型动力传动与驱动系统、新型应急发动机—泵系统、新型电气控制系统(含采用串行通信技术)等。

DWL-48k 连续走行捣固稳定车的结构进行了优化设计,各工作装置及其组成部分布置更为合理,结构更为紧凑。此外,采用了人体功效学原理,重新设计了所有操作控制台和指示显示仪表,提高了操作舒适性和准确性。

DWL-48k 连续走行捣固稳定车的稳定装置与动力稳定车的稳定装置相同,具体内容见学习项目二,本节不再赘述。

(1)DWL-48k 连续式三枕捣固稳定车的主要参数,如表 2-3 所示。

DWL-48k 连续式三枕捣固稳定车技术参数　　　　表 2-3

项　目	作业条件	项　目	作业条件
钢轨(kg/m)	50、60、75	线路最大坡度(‰)	33
轨枕	1660~1920 根/km 的 Ⅱ 型或 Ⅲ 型混凝土枕或 200mm 宽木枕	最小作业曲线半径(m)	250
道床	碎石道床	最小运行曲线半径(m)	180
作业线路	单线或线间距 4m 及以上的复线与多线	环境温度(℃)	-10~+40
轨距(mm)	1435	特殊环境	可在雨天、夜晚及有尘天气条件下作业
线路最大超高(mm)	150		
外形尺寸 长(mm)×宽(mm)×高(mm)	33990×3180×4130	作业效率(m/h)	1400~2400
		最大起道量(mm)	150
前、后驱动转向架,稳定小车转向架轴距(mm)	1800±4	最大拨道量(mm)	±150
后驱动转向架与稳定小车转向架中心距(mm)	11000±10		
前后驱动转向架中心距(mm)	15800±10	捣固深度(mm)	镐肩距轨枕底面为 10~15
工作小车转向架轴距(mm)	1500±4	横向水平作业精度(mm)	±2
发动机功率	发动机 1:BF8M-1015CP,水冷、中冷、增压、电控柴油机 额定功率:440kW(2100 r/min) 发动机 2:BF6M-1013C,水冷、中冷、增压柴油机 额定功率:148kW(2300 r/min)	整机空重(t)	约等于 124

(2)DWL-48k 连续式三枕捣固稳定车的主要特点有以下 3 点:

①DWL-48k 连续式三枕捣固稳定车具备了 DCL-32 捣固车的所有先进功能,且由于一次捣固三根轨枕以及整修的作业面积更大从而具有更好的作业质量,在对新线或新更换的道床实施捣固作业效果非常好,也更充分利用了线路封锁时间,工作效率比 DCL-32 捣固车提高了 30%。

②需要时,按下按钮即可改换为单枕捣固。

③DWL-48k 连续式三枕捣固稳定车不仅具备 09-3X 三枕捣固车的线路捣固功能,还具备线路稳定的功能,有效提高了机械综合作业性能。

4. CDC-16k 道岔捣固车

CDC-16k 道岔捣固车是我国现阶段应用于道岔范围内进行道床捣固的专用机械,属于大型养路机械中线路大、维修机组的主型设备。该机在道岔维修中采用科学的三线同步起道、四线同步捣固作业原理,有 4 套相互独立、均可独立工作的捣固装置,由滑移回转装置和伸缩回转装置实现对道岔的起道、拨道、抄平、钢轨两侧枕下道砟捣固和枕端道砟夯实作业。

CDC-16k 道岔捣固车(图 2-5)。在封锁线路条件下,能够对单线、复线、多线及复线转辙、道岔和交叉区间进行轨道拨道、起道抄平、钢轨两侧枕下道砟夯实作业。该车利用车上测量系统,可以对作业前、后线路及道岔的几何参数进行测量及记录,并可通过控制系统,实现按设定的线路及道岔几何参数进行作业,如表 2-4 所示。

图 2-5 CDC-16k 道岔捣固车

CDC-16k 道岔捣固车作业参数 表 2-4

项 目	作业条件	项 目	作业条件
钢轨(kg/m)	50、60、75	线路最大坡度(‰)	33
轨枕	木枕或混凝土轨枕	最小作业曲线半径(m)	180
道床	碎石道床	最小运行曲线半径(m)	180
作业线路	单线或线间距 4m 及以上的复线与多线	环境温度(℃)	$-10\sim+50$
轮径(mm)	910	总重(t)	96
轨距(mm)	1435	特殊环境	可在雨天和夜间及风沙、灰尘严重的情况下作业
线路最大超高(mm)	150		
外形尺寸 长(mm)×宽(mm)×高(mm)	31050×3000×3700	作业效率	≤35min(捣固 12 号单开道岔)0~500m/h(直线捣固效率)
		最大起道量(mm)	150

续上表

项　目	作业条件	项　目	作业条件
转向架芯盘距(mm)	14000	最大拨道量(mm)	±150
材料车轴距(mm)	6000	捣固深度(mm)	560(由轨顶向下)
材料车轴至后转向架中心距(mm)	7500	横向水平作业精度(mm)	±2
		纵向水平作业精度(mm)	纵向水平≤4(10m弦长内测量前后高低差)
		正矢(mm)	±2(16m弦长在中点测量误差)
发动机功率(kW)	348	岔区作业宽度(mm)	最小1750 最大3200
最大允许连挂速度(km/h)	120	最大允许自走行速度(km/h)	90

学习项目二　动力稳定车

▶▶ 一、动力稳定车概述

动力稳定车是大型养路机械中线路大、维修机组的主要设备。铁路线路经过破底清筛和捣固作业后，道床仍不够密实，道床横向阻力和稳定性都较差。因此，行车安全得不到保证，故有关规范要求列车限速运行。

限速运行，就不可避免地损失了铁路运能，使本来就非常繁重的铁路运输，加重了负担。为了减少或取消因施工造成的慢行时间，使施工后的轨道尽快达到稳定状态，保证列车按规定的速度安全运行，各国铁路专家做了大量的科学研究和试验工作，动力稳定车就是在这种背景下研究制造成功的。动力稳定车的作业，可以使大、维修后铁路线路迅速提高道床横向阻力和道床的稳定性，从而提高线路维修后首次列车的运行速度，为取消线路作业后列车慢行创造了条件。

▶▶ 二、动力稳定车作用

动力稳定车是模拟列车运行时对轨道产生的压力和振动等综合作用而设计制造的大型线路施工设备。WD-320型动力稳定车是我国现阶段应用范围比较广泛的车型，如图2-6所示。该车通过两个激振装置，强迫轨排及道床产生横向水平振动，并向道床施加垂直静压力，使道砟流动重新排列，相互填充达到密实，实现轨道在振动状态下有控制的均匀下沉且不改变线路原有的几何状态和精度，以提高作业线路的横向阻力和道床的整体稳定性，可有效提高线路修理后的开通速度。动力稳定车一次作业后，线路的横向阻力值便恢复到作业前的80%以上，从而有效地提高了捣固作业后的线路质量，为列车的安全运行创造了必要的条件。

▶▶ 三、动力稳定车技术参数

WD-320型动力稳定车作业参数如表2-5所示。

图 2-6 WD-320 型动力稳定车

WD-320 型动力稳定车作业参数　　　　　　　　　　　　表 2-5

项　目	作业条件	项　目	作业条件
钢轨(kg/m)	50、60、75	线路最大坡度(‰)	33
轨枕	木枕或混凝土轨枕	最小作业曲线半径(m)	180
道床	碎石道床	最小运行曲线半径(m)	180
作业线路(m)	单线或线间距 4 及以上的复线与多线	环境温度(℃)	−10～+50
轨距(mm)	1435	特殊环境	可在雨天和夜间及风沙、灰尘严重的情况下作业
线路最大超高(mm)	150		
外形尺寸 长(mm)×宽(mm)×高(mm)	18942×2700×3970	作业效率(km/h)	0.2～2.5
		轮径(mm)	840
转向架芯盘距(mm)	12000	最大双向自行速度(km/h)	80
转向架轴距(mm)	1500	最大允许连挂速度(km/h)	100
车钩中心线距轨面高(mm)	880±10	速度为 80km/h 紧急制动距离(m)	≤400
发动机功率(kW)	作业 348	总重(t)	60

学习项目三　QS-650k 全断面道砟清筛机

▶▶ 一、道砟清筛机概述

铁道线路在运营过程中，会发生变形、磨耗、破损、腐蚀、脏污及老化，因此要对其进行养护、维修，以使其处于正常可靠的工作状态，保证行车安全。对碎石道床而言，当其不洁度（按质量计）超过 30% 时，应该进行清筛。道床清筛是线路大、中修任务中一行工作量大、劳动强度高的作业项目，目前我国铁路已越来越多地采用道砟清筛机来完成，如图 2-7 所示。

道砟清筛机是清筛道床中道砟的作业机器，是大型养路机械中线路大、维修机组的主力设备。它将脏污的道砟从轨枕下挖出，进行清筛后，将清洁道砟回填至道床，将筛出的污土清除到线路外。

图 2-7　QS-650k 全断面道砟清筛机

▶▶ 二、道砟清筛机的类型

目前,我国应用的道床清筛机主要有以下几类:

1. 全断面清筛机

清筛作业时,一次对道床全部断面上的道砟进行清筛,如 QS-650k 及 CQS-550 型等。

QS-650k 型全断面道砟清筛机是我国现阶段应用范围比较广泛的车型。该机装备有测量、监控和记录装置。这不仅提高了清筛机作业的自动化程度,而且记录的数据能够监控作业深度、宽度和清洁度,有助于保证作业质量。该机可在不拆除轨排的条件下,通过挖掘链将轨排下的道砟挖出,振动筛对道砟进行筛分,污土由输送带抛到其前方线路的两侧或物料运输车内,清洁道砟可直接回填到道心内,也可由回填输送带回填到挖掘链后方钢轨两侧的道床内。在翻浆冒泥路段,该机可对道床道砟进行全抛作业。

2. 边坡清筛机

边坡清筛机适用于道床两边边坡部分道砟的清筛作业,目前国内主要机型为昆明中铁大型养路机械集团有限公司生产的 BS-550 型和北京二七轨道交通装备有限责任公司生产的 BS-1200 型边坡清筛机,如图 2-8 所示。

图 2-8　BS-1200 型边坡清筛机

3. 道岔清筛机

道岔清筛机主要用于道岔区清筛作业，无论在左开道岔或右开道岔清筛时，本机总是在直线上行驶，从而在渡线道岔上清筛时不侵入邻线限界。该设备具有伸缩式底梁和挖掘链储存机构，在道岔清筛作业中不需拆接底梁和挖掘链，极大地缩短了辅助作业时间，减轻了劳动强度，提高了作业效率，如 CQS-550 和 CQS-300 道岔清筛机。图 2-9、图 2-10 为人工清筛作业。

图 2-9　人工清筛的翻浆冒泥路段

图 2-10　人工清筛的板结线路

▶▶ 三、QS-650k 全断面道砟清筛机技术参数

QS-650k 全断面道砟清筛机作业参数如表 2-6 所示。

QS-650k 全断面道砟清筛机作业参数　　表 2-6

项　　目	作业条件	项　　目	作业条件
钢轨(kg/m)	50、60、75	线路最大坡度(‰)	33
轨枕	木枕或混凝土轨枕	最小作业曲线半径(m)	250
道床	碎石道床	最小运行曲线半径(m)	180
作业走行速度(m/h)	0～1000	环境温度(℃)	-10～+50
轨距(mm)	1435	挖掘宽度(mm)	4030,4530,5030
线路最大超高(mm)	150		
外形尺寸 长(mm)×宽(mm)×高(mm)	31345×3150×4740	作业效率(m^3/h)	650
		轮径(mm)	900
转向架芯盘距(mm)	23000	最大双向自行速度(km/h)	80
转向架轴距(mm)	1830	最大允许连挂速度(km/h)	100
车钩中心线距轨面高(mm)	880±10	速度为 80km/h 紧急制动距离(m)	≤400
发动机功率(kW)	2×348	总重(t)	88
挖掘装置形式	五边形封闭耙链式	挖掘装置功率(kW)	277
最大挖掘深度(mm)	1000(轨面以下)	筛分装置驱动功率(kW)	43
筛网有效面积(m^2)	25	筛网层数(层)	3
筛孔尺寸(mm)	75/45/25(上/中/下)		

学习项目四　配砟整形车

▶▶ 一、配砟整形车概述

配砟整形车是大型养路机械中线路大、维修机组的主要设备。一般配砟整形车位于作业机组中或作业机组之首或穿插于捣固车之后,用于将道床整理成形,同时将散落在轨枕或扣件上的道砟清扫干净,它具有对道床进行配砟、整形和清扫轨枕枕面等作用,如图 2-11 所示。

图 2-11　SPZ-350 型双向道床配砟整形车

▶▶ 二、配砟整形车类型

配砟整形车有 SPZ-200 型、SPZ-350 型、DPZ-440 三种主力车型,其中 SPZ-350 型双向道床配砟整形车是我国现阶段应用范围较广的车型。该机可以进行正、反两个方向作业,通过中犁、侧犁、翼犁等工作装置完成道床的配砟整形作业,使道床布砟均匀,道床断面按技术要求成形;清扫装置将作业时残留于轨枕和扣件上的道砟清扫并收集,通过输送带移送到道床边坡,如图 2-12 所示。

图 2-12　配砟整形车作业

三、配砟整形车技术参数

SPZ-200型双向道床配砟整形车作业参数如表2-7所示。

SPZ-200型双向道床配砟整形车作业参数　　　　表2-7

项目	作业条件	项目	作业条件
钢轨(kg/m)	50、60、75	线路最大坡度(‰)	33
轨枕	木枕或混凝土轨枕	最小作业曲线半径(m)	120
道床	碎石道床	最小运行曲线半径(m)	100
每侧作业最大宽度(mm)	3300 由线路中心算起	环境温度(℃)	−10～+50
轨距(mm)	1435	线路最大超高(mm)	150
外形尺寸 长(mm)×宽(mm)×高(mm)	13508×3025×3900	作业走行速度(km/h)	0～12
		轮径(mm)	840
转向架芯盘距(mm)	12000	最大双向自行速度(km/h)	80
轴距(mm)	5500	最大允许连挂速度(km/h)	100
车钩中心线距轨面高(mm)	880±10	速度为80km/h紧急制动距离(m)	≤400
发动机功率(kW)	348	总重(t)	28

学习项目五　钢轨打磨车

一、钢轨打磨车概述

钢轨打磨一般是指消除钢轨周期性和非周期性短波不平顺而进行的作业。高速铁路平顺性是能否实现高速行车的关键,钢轨打磨也就显得格外重要。

轨道平顺性是列车平稳、安全运行的基础。轨道不平顺分为长波不平顺及短波不平顺。长波不平顺又分为轨道结构在外力作用下的残余变形,如轨距、水平、高低、扭曲等几何状态的变化和钢轨在轧制、校直过程中产生的周期性变化。这两类不平顺的消除方法完全不同:前者通过整道消除;后者随着钢轨生产工艺的改进在钢厂即可消除。短波不平顺分为周期性不平顺和非周期性不平顺;周期性不平顺即为波浪磨耗和波纹磨耗;非周期性不平顺是指擦伤、表面龟裂、剥离掉块、压溃、焊缝不平顺等。

二、钢轨打磨分类

钢轨打磨分为校正性(修理性)打磨、保养性(轮廓性)打磨和预防性打磨3类。校正性打磨是打磨已经产生的钢轨表面病害;保养性打磨是把钢轨断面打磨成最佳轮轨接触的几何形状,以延缓波磨和其他疲劳伤损的产生,并有减少侧磨的功能;预防性打磨是在钢轨轨头裂纹开始扩展前就把裂纹萌生区打磨掉,防止接触疲劳型波磨的产生和发展。由于钢轨的打磨具有显著的社会效益和经济效益,在新线交付验收时对轨面也有进行保养性打磨的,特别是高速铁路,列车高速运行对轨面不平顺特别敏感,因而在高速铁路开通前都要进行钢轨打磨,如图2-13所示。

重载铁路更多侧重于以打磨消除轨面各种伤损,以延长钢轨使用寿命。高速铁路更多侧重于以预防性打磨和打磨消除轨面不平顺,提高列车运行的平稳性。

图 2-13　PGM-48 型钢轨打磨车

▶▶ 三、我国钢轨打磨基本要求

由于我国铁路运输模式基本上是客、货混运,行车密度大、客运提速、货运重载,行车条件恶劣,对轨道结构破坏严重,特别是轨面状态不良,打磨工作量很大,打磨需求和设备配置之间的矛盾突出;对打磨工作重要性的认识不足,打磨工作安排不力,致使钢轨使用寿命缩短;钢轨打磨缺乏严格的管理,在有些配备打磨列车的铁路局没有制定打磨规程和打磨工艺,打磨中没有解决对什么样的情况要打磨及打磨应该达到什么标准的问题,有的打磨超长、超深,甚至把轨面打出了病害,恶化了钢轨使用状态,引起钢轨折断。

为此,交通主管部门提出了打磨质量的基本要求:
(1)短波,波长在 250mm 以下、波深 0.5mm 以下,全部消除。
(2)短波,波长在 250mm 以下、波深 0.5~1.0mm,残余波深小于 0.5mm。
(3)短波,波长在 250mm 以下、波深大于 1.0mm,残余波深不大于 0.2mm。
(4)中波,波长在 250mm 以上、波深小于 1.0mm,残余波深小于 0.3mm。
(5)中波,波长在 250mm 以上、波深在 1.0mm 以上,残余波深小于 0.4mm。
(6)轨顶形状符合规定要求。
(7)表面微裂纹消除。
(8)轨顶打磨带较平直,无明显宽窄不直,无明显棱角。
(9)轨顶表面无严重发蓝现象。
(10)表面粗糙度为 12.5。
(11)打磨车速和打磨遍数。
①打磨时车速范围 5~6km/h,单线长大隧道 6~7km/h。
②波磨轨的打磨遍数根据波深而定,一般粗略计算为:打磨遍数=波深/0.1(平均每遍打磨量)。

对于高速铁路钢轨打磨技术要求,国家有关部门尚处在研究之中。

四、我国钢轨打磨车基本情况

我国最早于20世纪80年代末引进瑞士斯皮诺公司生产的钢轨打磨车,装备在北京铁路局;1994年从美国 Pandrol Jackson 公司引进的第一台 PGM-48 型钢轨打磨车(48头打磨车),装备在郑州铁路局;2003年从美国 HTT 公司引进的第一台 CMC-20(原名称 RGH20C 型)道岔打磨车,装备在郑州铁路局。此后我国全面装备了 PGM-48 型钢轨打磨车和 CMC-20 型道岔打磨车。2009年由襄樊金鹰重工与美国 HTT 公司合作生产的第一台 GMC-96x 型钢轨打磨车(96头打磨车)投入运用;2011年北京二七轨道交通装备有限公司与瑞士斯皮诺公司合作生产的首台 GMC-96b 型钢轨打磨车(96头钢轨打磨车)投入运用。目前我国打磨车的主要车型有 PGM-48 型钢轨打磨车和 CMC-20 型道岔打磨车、GMC-96x 型钢轨打磨车、GMC-96b 型钢轨打磨车。

此外,我国还引进了奥地利林辛格(Linsinger)公司生产的 SF03-FFS 型钢轨铣磨车,2009年投入使用,首台装备在上海铁路局。

学习项目六 大修列车

一、大修列车概述

大修列车是为线路大修而设计的大型设备。我国目前线路大修施工中有两种型号的大修列车,分别是:瑞士 MATISA 公司生产的 P95 型大修列车和金鹰重型工程机械有限公司通过技术引进,与美国 HARSCO RAIL 公司联合设计制造的 DXC-500 型线路大修列车。DXC-500 型线路大修列车适用于我国普通短轨线路和无缝线路成段更换钢轨和轨枕的作业,具有单独更换钢轨、单独更换轨枕和同步更换钢轨及轨枕3种功能,还可满足更换50kg/m、60kg/m 和 75kg/m 钢轨;更换69型、Ⅱ型和Ⅲ型混凝土轨枕,适用于碎石道床,扣板式、弹条式和 Pandrol 扣件,单线、线间距4m及以上的复线或多线区段作业。

二、大修列车的组成

DXC-500 型线路大修列车,由材料车、龙门吊车、作业车、扣件收集车、动力车和若干辆轨枕运输车等6个部分组成,如图2-14～图2-19所示。

图2-14 DXC-500 型线路大修列车

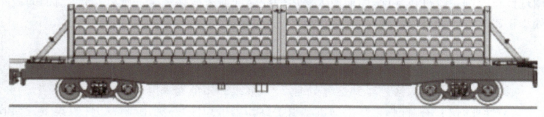

图2-15 轨枕运输车

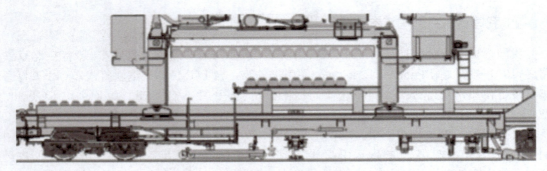

图 2-16 龙门吊车

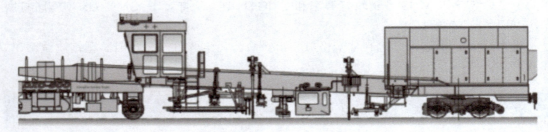

图 2-17 扣件收集车

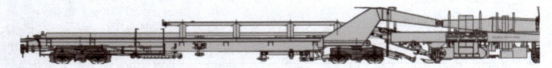

图 2-18 作业车

图 2-19 动力车

▶▶ 三、作业原理

大修作业车,既可以完成全部大修作业,也可以保留原有钢轨而只更换轨枕。作业车采用现代化控制系统进行导向,因而使大修后的线路与原来线路完全一致,或者使新铺的线路处于正确的方向和高度。

1. 扣件拆卸作业

(1)大修列车作业前预卸长轨,作业前的慢行时隔一拆二预卸扣件,如图 2-20 所示。

(2)封锁开始后,大修列车到达施工地点前,继续卸扣至隔一拆八。

(3)作业时利用扣件收集车上的机动扳手拆卸剩余扣件,并利用磁性扣件收集装置回收扣件。

图 2-20　大修列车

2. 换轨作业

(1) SUN 系列大修作业车在作业过程中,通过转向架支承在原来的线路和新铺设的线路上。旧轨通过引导夹钳在转向架之间叉开(钢轨在 25m 的长度上叉开,因而受力较小,不会受到损伤),作业车上的旧轨夹持机构将旧轨拨出,新轨夹持机构将新轨穿入。

(2) 旧轨拨出后,作业车转向架两侧的履带式滑板支撑在旧枕存轨槽滑行,以替代作业车转向架。

(3) 新、旧轨在导向装置上滑行,直至旧轨拨到线路两侧或道心,新轨在动力车后转向架前拨入新枕存轨槽。

3. 换枕作业

(1) 作业前慢行时,分别将作业起点、终点的 8 个和 12 个轨枕盒内的道砟扒平至轨枕底,以减少换枕作业机构切入和切出时的平砟量。

(2) 封锁作业时,材料车上开行的龙门吊车由远及近依次将轨枕运输车上的新枕运到新枕输送带上,同时把旧枕从旧枕输送带上运到空的轨枕运输车上。

(3) 在换枕过程中,链式举升机构自动将旧枕收集起来,并通过输送带将旧枕送到存枕平台,以便龙门吊车作业。

(4) 平砟犁将道床压实整平,新枕铺设机构在整平的道床上铺设新枕,轨枕间距调整机构按设计间距自动调整轨枕间距。

(5) 换枕、换轨后,同步人工上扣件,配砟车配砟、捣固车捣固,恢复线路。

▶▶ 四、大修列车作业特点

从大修列车作业全过程可以看出,大修列车作业具有以下特点:

(1) 大修列车配合作业项目多,包括:预卸长轨、预松扣件、预挖道砟、锯轨、钻孔、线路恢复等关键配合作业。

(2) 作业时破坏整个轨道结构,因此,必须确定合理的作业进度目标,确保及时恢复线路、正点开通。

(3) 特有的换枕作业机构和平砟机构进入、退出施工点大幅度增加辅助作业时间,因此,必须要有较长的封锁时间,确保作业经济性。

(4) 作业时机动扳手松扣件、磁性收集装置吸扣件、龙门吊车运轨枕、旧枕收集机构收旧枕、平砟机构平道床、铺新枕、拨出旧轨、铺新轨等多个作业单元同步动作,相互制约、相互影响,系统控制复杂,影响作业进度的不确定因素多。

(5)换枕作业是控制作业进度的关键路线,提高大修列车作业效率的实质是提高换枕效率。

▶▶ 五、作业进度与封锁天窗时间

1. 辅助作业时间的确定

大修列车总辅助时间约为115min,总封锁时间＝115min＋纯作业时间(min)。

2. 铺设新枕速度的分析

大修列车最佳铺设新枕速度,应与龙门吊车运输新枕同步。但在实际使用中,一方面由于大修列车受设计限制,过快容易发生卡枕等故障,实践证明最大稳定铺枕速度为12根/min;另一方面当龙门吊车往返运行时间过长至超过某个临界点,与此同步的铺枕速度将低于12根/min,所以铺枕速度又受制于龙门吊车。

经计算和现场验证,当装新轨枕运输车数量≤8辆时,铺枕速度不受龙门吊车的影响,铺枕速度宜为12根/min;当装新轨枕运输车数量超过8辆时,铺枕速度低于12根/min,龙门吊车运输速度决定铺枕速度。由于每辆车可装新轨枕112根,8辆满载的轨枕运输车可确保500m的作业进度,因此,可以说作业进度500m是龙门吊车是否影响铺枕速度的临界点。

当新轨枕运输车数量超过8辆时,铺枕速度受制于龙门吊车,并且随着轨枕车数量增加而逐步降低。因此,在大修列车施工作业中,应根据作业量,在不同的作业阶段采取不同的铺枕速度,根据龙门吊车由远及近的运输轨枕的规律,铺枕速度应由慢变快,直至12根/min的最大稳定铺枕速度。

综合各方面因素考虑,宜采用180min的封锁时间、作业进度目标500m或220min的封锁时间、作业进度目标750m的方案。

3. 2台龙门吊车作业分析

如果装备2台龙门吊车,在日进度小于1000m的情况下,大修列车铺枕速度可以确保在12根/mim。此时,只需在轨枕车组中间增设1辆空轨枕车,2号龙门吊车负责将中间空车上的旧枕运到尾部空车,同时将后面的新枕运到中部,1号龙门吊车始终在轨枕车组的中、前部运行。

▶▶ 六、主要技术参数

DXC-500型线路大修列车技术参数如表2-8所示。

DXC-500型线路大修列车技术参数 表2-8

项目	参数名称	单位	参数
运用条件	海拔高度	m	≤2000
	相对湿度	%	≤85
	环境温度	℃	－10～＋50
	轨距	mm	1435
	线路最大超高	mm	180
	一般作业坡度	‰	18

续上表

项　目	参数名称	单　位	参　数
运用条件	线间距	m	≥4
	钢轨类型	kg/m	50、60、75
	轨枕类型	—	69、Ⅱ、Ⅲ
	运行最小曲线半径	m	180
	作业最小曲线半径	m	250
主要技术参数	外形尺寸（长×宽×高）	m	84.4×3.25×4.65
	整机质量	t	276
	最大轴重	t	23
	驱动轴数	—	8
	驱动模式	—	液压驱动
	制动机型号	—	JZ-7
	动力车发动机额定功率	kW	447
	龙门吊发动机额定功率	kW	142
	最高连挂运行速度	km/h	100
	最高自运行速度	km/h	5
	龙门吊最高运行速度	km/h	24
	作业速度	km/h	0～1.1
作业精度	新枕铺设间距	mm	±10
	轨面水平	mm	±10
	线路高低	mm	±10
	轨枕方正	mm	±10
	新轨枕铺设间距的调整范围	mm	500～750

练习题

1. 我国常用的大型养路机械主要有哪几种类型与型号？
2. DC-32k 捣固车、DCL-32k 捣固车、CDC-16k 捣固车，在结构与作业方式上有哪些不同？
3. 清筛机典型结构有哪些部分组成？
4. 动力稳定车如何实现线路稳定作用？
5. 钢轨打磨分类如何进行？
6. 大修列车有哪些部分组成？

单元三

大型养路机械施工质量管理

【知识目标】

1. 熟悉大型养路机械装备原则；
2. 掌握大型养路机械作业对道床阻力的影响；
3. 了解大型养路机械施工质量控制。

【能力目标】

1. 能够根据局管线路里程计算大型养路机械装备数量；
2. 分析说明大型养路机械维修作业对道床阻力的影响；
3. 基本掌握大型养路机械维修作业对道床纵向、横向阻力的影响。
4. 熟悉线路方向整正作业方法的选择。

学习项目一　大型养路机械施工规则

▶▶ 一、大型养路机械装备原则

根据现阶段我国铁路养路机械化的发展方针,大型养路机械主要应用于繁忙线路、提速线路(含提速以上线路),及作业条件特殊困难的线路。小型养路机械主要应用于一般线路。另外,根据我国铁路运输形势及技术发展的需要,今后新线建设要优先考虑应用大型养路机械作为线路修理手段,既有一般线路上具备条件的也应积极推广应用大型养路机械。

拟装备的养路机械及线路检测设备的技术规格必须满足使用要求,其性能要先进、可靠,型号要尽量统一,数量要与拟作业线路相匹配。

▶▶ 二、大型养路机械的装备标准

大型养路机械装备的设备种类有：双枕捣固车、连续式捣固车、动力稳定车、配砟整形车、全断面清筛机、道岔捣固车、边坡清筛机、钢轨打磨(铣磨)车、道岔打磨车、大修列车、路基处理车、焊轨车、物料运输车、轨道作业测量车、轨道吸污车、除雪车、除沙车、连续式起道车、快速换轨车等车辆。根据线路修理工作的需要,施工可由上述一台或几台不同机种、数量的机械来实施。固定搭配的机械组合称为机组,根据机械和机组的作业能力、拟作业线路的里程、修理周期,即可计算出所需装备的各类机械的数量。

1. 维修机组

维修机组由下列机械组成：

(1) 双枕捣固车(或连续式捣固车)　　2 台　　单机效率 0.8~1.2km/h
(2) 动力稳定车　　　　　　　　　　　1 台　　单机效率 0~2.5km/h
(3) 配砟整形车　　　　　　　　　　　1 台　　单机效率 0~10km/h

捣固车、动力稳定车、配砟整形车配合施工,可完成线路综合维修的起道、拨道、抄平、拨正曲线、全面捣固以及道床稳定、边坡整形等作业。机组采用 2 台捣固车平行作业是为了提高封锁天窗的利用率和确保捣固作业的实施。

维修机组在 3h 的封锁天窗内,扣除进、出封锁区间时间,辅助作业时间以及机械平行作业对效率的影响,有效作业时间可完成 3km 的线路维修作业,按全年 200 个工作日计算,机组年作业里程为 600km。

铁路线路大、中修的修理周期按《铁路线路修理规则》(铁运〔2006〕146 号)第 6.1.1 条规定的线路累计通过总重确定。并可根据各线路的实际设备状态、线路条件(如小半径曲线、大坡道或隧道灯集中地段)、运输条件(如煤、砂、矿建等散装货物运输集中地段)和自然条件(如风沙危害地段)等具体情况调整,如表 3-1 所示。

如作业线路延长为 $L(km)$,维修周期为 $Y(年)$,则该线路所需大型养路机械维修机组的数量 N 为：

$$N = \frac{L}{600 \times Y} \tag{3-1}$$

当作业线路平均封锁天窗时间 $T(h)$ 和全年工作日数 n 与上述设定差异较大时,机组车作业里程 $S(km)$ 可近似按(3-2)计算：

线路设备修理周期表 　　　　　　表 3-1

轨道条件			周期(通过总重,Mt)		
轨型	轨枕	道床	大修	中修	维修
75kg/m 无缝线路	混凝土枕	碎石	900	400～500	120～180
75kg/m 普通线路	混凝土枕	碎石	700	350～400	60～90
60kg/m 无缝线路	混凝土枕	碎石	700	300～400	100～150
60kg/m 普通线路	混凝土枕或木枕	碎石	600	300～350	50～75
50kg/m 无缝线路	混凝土枕或木枕	碎石	550	300	70～100
50kg/m 普通线路	混凝土枕或木枕	碎石	450	250	40～60
43kg/m 及以下钢轨普通线路	混凝土枕或木枕	碎石	250	160	30

$$S = n \times [3 + 1.4(T-3)] \tag{3-2}$$

此时该线路所需维修机组的数量 N 为：

$$N = \frac{L}{S \times Y} \tag{3-3}$$

特殊繁忙线路应采用高效连续式捣固车。机组采用连续式捣固车,其作业能力可提高 30%,将有效地减少线路封锁天数。

如果采用 DWL-48 连续式三枕捣固稳定车,则只需要配备捣固稳定车、配砟整形车即可,由于 DWL-48 连续式三枕捣固稳定车的作业效率为 1.4～2.4km/h,所以相同情况下配备数量也较普通的维修机组要少。

2. 大修机组

大修机组由下列机械组成：

(1) 全断面清筛机　　2 台　　单机效率 650～800m³/h
(2) 双枕捣固车　　　3 台　　单机效率 0.8～1.2km/h
(3) 动力稳定车　　　2 台　　单机效率 0～2.5km/h
(4) 配砟整形车　　　2 台　　单机效率 0～10km/h

大修机组可完成线路大(维)修的道床全断面清筛、线路纵断面和平面校正改善、道床全面捣固、道床稳定及边坡整形等作业。施工中 2 台清筛机各配备 1 台捣固车平行作业完成清筛和初捣工作,其余 3 台机械采用流水作业,对当日清筛地段完成第二次整细捣固及道床稳定和整形工作。采用 2 台清筛机是为了提高封锁天窗的利用率和确保清筛作业的实施。

大修机组在 3h 的封锁天窗内,扣除进、出封锁区间时间、辅助作业时间以及机械平行作业对效率的影响,有效作业时间可完成 1km 的线路大(维)修作业,按全年 200 个工作日计算,机组年作业里程为 200km。

拟作业线路的大(维)修周期按《铁路线路修理规则》第 1.0.3 条的规定确定。如作业线路延长为 L(km),大、中修平均清筛周期为 Y(年),则该线路所需大型养路机械大修机组的数量 N 为：

$$N = \frac{L}{200 \times Y} \tag{3-4}$$

当作业线路平均封锁天窗时间 T(h)和全年工作日数 n 与上述设定差异较大时,机组年

作业里程 $S(\text{km})$ 可近似按(3-5)计算：
$$S = n \times [1 + 0.5(T-3)] \tag{3-5}$$
此时该线路所需大修机组的数量 N 为：
$$N = \frac{L}{S \times Y}$$

3. 道岔捣固车

道岔捣固车是对道岔区线路进行起道、拨道、捣固综合作业的专用设备，其捣固一组单开道岔的纯作业时间为 35~45min。该机也可用于区间线路作业，捣固作业效率为 0.5km/h。

道岔捣固车可实现机组（一般不低于2台）单独作业，也可随同大、维修机组在同一封锁区间内作业，在 3h 的封锁天窗内，有效作业时间可完成 3 组道岔的捣固作业，按全年 200 个工作日计，全年可捣固 600 组道岔。

道岔捣固车主要用于正线和到发线道岔的综合维修。上述道岔的综合维修周期与线路同步，如作业线路上述道岔总数为 M，维修周期为 Y(年)，则该线路所需道岔捣固车的台数 N 为：

$$N = \frac{M}{600 \times Y} \tag{3-6}$$

注：当维修周期 Y 超过 2 年时按 2 年计。

4. 边坡清筛机

边坡清筛机是清筛道床两侧边坡的专用设备，其作业效率为 1200m³/h。边坡清筛机可单独作业，也可随同维修机组在同一封锁区间内作业，在 3h 的封锁天窗内，有效作业时间可完成 3km 的边坡清筛，按全年 200 个工作日计，全年可清筛 600km。

边坡清筛机主要用于道床边坡污染严重、板结、排水不良的线路，因此这项作业在线路综合维修中要根据具体情况做出合理安排。如清筛线路按作业线路延长 L(km) 的 1/2 考虑，综合维修周期为 Y(年)，则作业线路所需边坡清筛机的台数 N 为：

$$N = \frac{L}{2 \times 600 \times Y} \tag{3-7}$$

5. 钢轨打磨车

钢轨打磨车是对钢轨进行打磨，以消除钢轨波浪磨耗、擦伤、飞边，提高轨面平顺度，改善轮轨关系的专用设备。具备 48 个磨头的打磨车作业效率为 7km/h，在 3h 的封锁天窗内，有效作业时间可完成 3km 的钢轨打磨（平均打磨 5 遍），按全年 200 个工作日计，全年可打磨线路 600km。

钢轨打磨车应优先用于快速和繁忙线路，线路的打磨周期平均按 2 年计。如作业线路延长为 L(km)，则该线路所需 48 头钢轨打磨车台数 N 为：

$$N = \frac{L}{600 \times 2} \tag{3-8}$$

6. 道岔打磨车

道岔打磨车是对道岔钢轨打磨的专用设备。具备 16~24 个磨头的道岔打磨车，在 3h 的封锁天窗内，有效作业时间可完成 2 组道岔的打磨作业，按全年 200 个工作日计，全年可打磨 400 组道岔。

道岔打磨车主要用于正线和到发线道岔的打磨。如作业线路上述道岔总数为 M,打磨周期平均按 2 年计,则该线路所需道岔打磨车的台数 N 为:

$$N = \frac{M}{400 \times 2} \tag{3-9}$$

7. 大型养路机械附属车辆

大型养路机械附属车辆,由发电车、机械维修车、材料车、工程指挥车、文化娱乐车、餐车、宿营车、茶炉沐浴车、水槽车、油槽车组成。

大型养路机械附属车辆是大型养路机械作业的必备配套设施,每个施工点应配备 1 套。施工点可以安排 1~2 个机组施工,故施工点的数量要根据具体情况确定,基本上是采用接近报废年限的客车车体改造而成。附属车辆的装备标准按原铁道部工务局发布的《大型养路机械附属车辆装备标准(试行)》(工机〔1996〕32 号)执行。

线路装备大型养路机械之后,线路大、维修作业的主要工作将依靠大型养路机械完成,但大、维修作业中的一部分项目仍需由人工或小型专用机械来实现。因此,对于大型养路机械拟覆盖作业的线路,工务段还需装备一定数量的小型养路机械,其装备可参照小型养路机械设备装备标准执行。

学习项目二　大型养路机械作业对道床阻力的影响

大型养路机械作业,一方面提高了线路养护维修的作业效率,改善了线路质量,适应了重载、高速的需求;另一方面,大机作业后扰动了道床,使道砟间的相互咬合和道砟与轨枕的接触状况均发生变化,从而导致道床阻力下降。道床阻力的降低,严重影响了轨道的稳定性,限制了初期列车的安全运行速度。因此,有必要对大机作业后道床阻力的变化规律进行研究,以确定大机作业后线路开通速度和评价无缝线路的稳定性。铁路总公司下属各铁路局都曾在近些年开展了以"大型养路机械作业后对无缝线路稳定性影响"为主要内容的科技项目,对使用大型养路机械大修、维修后的道床进行阻力实测,掌握了大机维修和清筛作业后道床阻力的变化规律。

由于各铁路局局管线不尽相同,现场大修、维修作业时采用大型养路机械作业组合方式各有不同,不同的作业方式会对道床阻力产生不同的影响。因此,选择常用机组作业方式进行比较一下大型养路机械作业对道床阻力的影响。

作业方式如下:

(1)捣固车 1 次+稳定车 1 次,分析大型养路机械作业对道床横向阻力的影响。

(2)捣固车 2 次+稳定车 1 次,分析大型养路机械作业对道床纵向阻力的影响。

(3)清筛机 1 次+捣固车 1 次+稳定车 1 次,分析大型养路机械清筛作业后对道床阻力的影响。

▶▶ 一、大型养路机械维修作业对道床阻力的影响

1. 对道床横向阻力的影响

大型养路机械捣固一次、稳定一次后,轨枕位移 2mm 时,维修作业前后横向阻力比较如表 3-2 所示。

维修作业前后道床横向阻力比较　　　　　表 3-2

作业项目	维修前	捣固后	稳定后	首趟车	第 2 日	第 3 日	第 6 日
横向阻力值(kN/根)	9.95	5.92	6.71	7.29	7.52	7.60	9.66
作业前后比较(%)	100	59.5	67.4	73.3	75.6	76.4	97.1

捣固后道床横向阻力降低约 40%，这是由于捣固后道床的孔隙比增大，颗粒与颗粒间的接触不紧密造成道床松动所致。

动力稳定车作业一遍后，道床横向阻力与捣固后的阻力比较增加了 8.8%～13.3%；首趟车通过后，道床横向阻力与捣固后的阻力比较增加了 23.1%～24.5%，与稳定后的阻力比较增加了 8.6%～9.8%，此处首趟车为客车。从道床横向阻力的增加幅度及道床稳定规律来看，稳定车及首趟车对恢复道床横向阻力的作用较大，其压实作用比较明显。

作业后第 2 天，道床横向阻力已恢复至作业前的 52.1%～75.6%，第 3 天恢复至作业前的 62.9%～76.4%，1 周后恢复至作业前的 83.4%～97.1%。

可见，捣固作业后，道床横向阻力随通过总重的增加而增加。道床横向阻力降低，将导致轨排抵抗横向变形的能力降低，势必降低线路的稳定性，因而在一般情况下要限制维修作业后列车的开通速度。

2. 对道床纵向阻力的影响

大型养路机械捣固两次，稳定一次后，轨枕位移 2mm 时，维修作业前后纵向阻力比较如表 3-3 所示。

维修作业前后道床纵向阻力比较　　　　　表 3-3

作业项目	维修前	捣固1遍	捣固2遍	稳定后	第 2 日	第 3 日	1 周后
纵向阻力值(kN/根)	11.64	4.56	2.52	3.28	4.14	5.58	6.08
作业前后比较(%)	100	39.2	21.6	28.2	35.6	47.9	52.2

捣固作业后道床纵向阻力降低约 61%～62%，其下降幅度较道床横向阻力下降幅度要大 20% 左右。动力稳定车作业 1 遍后，道床纵向阻力与捣固后的阻力比较增加了 30.2%，反映出动力稳定车的压实效果较明显。随着通过总重的增加，在列车碾压作用下道床密实度逐渐增加，纵向阻力也逐渐恢复。

由于捣固两遍后，道床纵向阻力降低幅度较大，在通过同样总重情况下，纵向阻力的增加幅度较捣固 1 遍小。比如捣固 1 遍时，在第 6 日道床纵向阻力已恢复至作业前的大小；而捣固 2 遍，在 1 周后道床纵向阻力才恢复至作业前的 52.2%。

可见，道床扰动越严重，其纵向阻力恢复得越慢。道床纵向阻力降低，将导致轨排抵抗纵向变形的能力降低，引起线路不均匀爬行，特别是在无缝线路缓冲区，可能会由于长轨条端部伸缩位移过大，超过构造轨缝或形成瞎缝。因而，在确定无缝线路上大机作业允许轨温范围时，应考虑这一点。线路的不均匀爬行还会导致锁定轨温下降，影响无缝线路的稳定性。

二、大型养路机械全断面清筛作业对道床阻力的影响

1. 对横向阻力的影响

全断面清筛作业后，轨枕位移 2mm 时，道床清筛前后横向阻力比较，如表 3-4 所示。

清筛作业前后道床纵、横向阻力比较　　　　　　　　　　　表 3-4

时间	横向阻力比较		纵向阻力比较	
	横向阻力值(kN/根)	作业前后比较(%)	纵向阻力值(kN/根)	作业前后比较(%)
筛前	9.66	100	12.15	100
筛后	3.92	40.6	5.19	42.7
捣固及稳定作业后	4.36	45.1	6.31	51.9
首趟车	4.61	47.7	5.87	48.3
第 2 日恢复作业前	5.23	54.1	8.34	68.6
第 2 日恢复作业后	4.89	50.6	5.72	47.1
第 3 日恢复作业前	5.97	61.8	6.01	49.5
第 3 日恢复作业后	3.88	40.2	5.12	42.1
1 周后	6.45	66.8	9.13	75.1
半月后	6.17	63.9	8.80	72.4
1 月后	11.61	120.2	16.60	136.6

现场实测数据表明阻力与位移之间呈非线性关系,在小位移阶段,阻力随位移增加有较明显的增长。随着位移的增大,阻力增长缓慢。当阻力达到某一极限值时,位移增加,阻力不再提高,达到轨枕横向移动的极限阻力。

全断面清筛作业后,枕底的道砟全部被疏松,枕端的大部分道砟也被疏松,道床横向阻力降低幅度为 59%～68%。其降低幅度是维修捣固作业的 15～17 倍,可见无缝线路清筛作业时,其容许的作业轨温范围较维修作业小,清筛作业后列车容许的放行速度也较维修作业的放行速度小。

清筛后进行捣固和稳定作业,可以有效地提高道床密实度及横向阻力。作业后首趟车对道床的压实作用也比较明显,它随稳定作业后道床横向阻力不同而不同,若稳定作业后道床横向阻力较低,则首趟车的压实作用就比较明显,道床阻力可以增加 21.3%;若稳定作业后道床横向阻力已较高,则首趟车的压实作用就不太明显,道床阻力仅增加 1.1%。首趟车的压实作用明显,意味着首趟车通过后,道床的沉降量较大,轨道的高低、水平偏差较大,对首趟车后的列车运行平稳性与安全性不利。为提高列车的开通速度,建议尽量提高稳定作业后的道床横向阻力,减小首趟车的压实作用。

作业后第 2 日,道床横向阻力已恢复至作业前的 48.4%～78.4%,进行捣固一遍、稳定一遍的恢复作业后,道床横向阻力虽有所降低,但降低幅度不明显,约为 6.5%。第 2 日的恢复作业有利于行车速度的提高,对道床横向阻力的影响不大,是提高清筛作业后轨道平顺性、确保列车运行的平稳性与安全性的有效措施。恢复作业后第 3 日,道床横向阻力、轨道的平顺性又进一步提高。

1 周后,经列车碾压作用,道床横向阻力已恢复至作业前的 57%～83.5%;15～30 日后,道床横向阻力已高于清筛作业前的阻力,这主要是由于清筛时补充了足够的道砟,道床肩部进行了堆高。

2. 对纵向阻力的影响

大机清筛作业后,轨枕位移 2mm 时,道床清筛前后纵向阻力比较如表 3-4 所示。

破底清筛作业后,枕盒及枕底的道砟全部被疏松,道床纵向阻力降低幅度较大,降低幅度为 45%～53%。

动力稳定车可以有效地提高道床密实度及纵向阻力。作业后首趟车对道床纵向阻力的增加作用,随稳定作业后道床纵向阻力的大小不同而不同。若稳定作业后道床纵向阻力较低,则首趟车的辗压作用就比较明显,道床阻力可以增加 30.8%;若稳定作业后道床纵向阻力已较高,则首趟车的压实作用就不太明显,道床阻力仅增加 7.4%。

作业后第 2 日,道床纵向阻力已恢复至作业前的 68.6%～82.3%,进行捣固 1 遍、稳定 1 遍的恢复作业后,道床纵向阻力降低,且降低幅度为 31.5%～36%,降幅较为明显。这主要是由于在进行捣固作业时,又进行了起道作业,致使枕盒内道砟进一步减少。第 3 日恢复作业将纵向阻力降低了 14.5%。与清筛后恢复作业对道床横向阻力的影响对比来看,起道捣固作业对纵向阻力的影响较对横向阻力影响大,因此在恢复作业过程中宜同时进行补砟,以确保道床纵向阻力不至于降低过多。

1 周后,经列车碾压作用,部分道砟被挤回枕盒,同时枕底的道床密实度也在逐步提高,此时道床纵向阻力已恢复至作业前的 61.2%～91.2%;1 月后,道床纵向阻力已基本上高于清筛作业前的阻力。

由上述事例表明,大型养路机械在线路大、维修作业对道床阻力有较大影响:

(1)通过大型养路机械维修作业后,道床横向阻力降低幅度为 40% 左右,纵向阻力降低幅度为 60% 左右,动力稳定车、首趟车对道床纵、横向阻力的恢复作用都很明显。

(2)清筛作业后,道床横向阻力降低幅度较大,为 59%～68%,动力稳定车、首趟车对道床横向阻力的恢复作用明显。动力稳定车作业后道床横向阻力越大,首趟车通过后线路变形越小,对行车平稳性及安全性越有利;道床纵向阻力降低幅度相对较小,为 45%～53%,经捣固车及动力稳定车作用后,随通过总重增加而逐渐恢复。

(3)维修作业后道床横向阻力增长速度快于大机清筛作业后,大机维修作业(经动力稳定车作用)后,道床横向阻力可恢复作业前的 40% 以上;大机维修作业,大约 7 天后(通过总重约 150 万 t)道床横向阻力基本恢复到作业前水平;大机清筛作业,大约 30 天后(通过总重约 800 万 t)道床横向阻力基本恢复到作业前水平。

(4)大机维修及清筛作业均会扰动道床,降低道床纵、横向阻力,进而影响无缝线路稳定性及强度。因此应根据道床纵、横向阻力的降低情况及线路状况,限定大机作业容许的轨温范围。

学习项目三　大型养路机械施工质量控制

大型养路机械是一种优质、高效的现代化养路设备,它在线路大、维修作业中的使用延长了线路的维修周期,降低了工务职工的劳动量,更重要的是大型养路机械为我国铁路的高速重载发展方向提供了大修、维修的技术保证。随着大型养路机械在铁路大、维修作业中的应用日益普及,也出现一些大型养路机械作业施工后线路质量稳定保持时间不长等问题。为保证作业后线路质量,根据国外标准及国内实践,大型养路机械作业应满足以下基本要求:

一、线路大修作业技术规定

1. 线路维修作业技术规定

(1) 捣固作业时应设置不少于 10mm 的基本起道量。当起道量为 10~50mm 时捣固一遍,起道量超过 50mm 时捣固两遍,接头处应增加捣固遍数。

(2) 在需变更曲线超高地段,当内股起道量大于 20mm 时,应分两次进行起道。

(3) 线路方向的整正可采用四点式近似法,用 GVA 自动拨道或查表输入修正值,用手动拨道。线路每隔 2.5m 有准确的拨道量时,可按精确法进行拨道。在长大直线地段,应采用激光准直系统进行拨道。

(4) 捣固作业结束前,应在作业终点划上标记,并以此开始按不大于 2.5‰ 的坡度递减顺坡,达到安全放行列车的要求。一般情况下不在圆曲线上顺坡,严禁在缓和曲线上顺坡结束作业。

(5) 在有砟桥上,枕下道砟厚度不足 150mm 时不能进行捣固作业。

(6) 站区内作业,线路起道后的钢轨顶面至接触网距离不得小于 5700mm。

(7) 大型养路机械维修后的线路几何状态应达到《铁路线路修理规则》规定的要求。

2. 线路大修作业技术规定

(1) 使用清筛机清筛道床,其清筛深度一般不小于 300mm。

(2) 清筛机枕下导槽在作业时应按 1:50 的坡度向道床排水侧倾斜。

(3) 被清筛线路两侧的建筑物(包括埋设在道床中的固定物)至线路中心的距离应不小于 2100mm。

(4) 线路大修作业应经过 3 遍捣固后验交。整细捣固应采用精确法严格按照线路大修设计技术资料进行作业,其他捣固作业可采用近似法。

(5) 整细捣固顺坡率不得大于 2.5‰。当作业终点有拨道量时均应输入拨道递减量,以便将线路拨顺,达到安全放行列车的要求。

(6) 大型养路机械大修作业后的线路质量应达到《铁路线路修理规则》所规定的标准。

大型养路机械的作业要求和工务部门的大量实践经验表明,影响线路维修质量的主要原因集中在作业前准备工作不足、大型机械作业方法不当、机械设备故障和操作人员技能不够等 4 个方面。

二、大型机械作业前准备工作与线路维修质量的关系

大机维修质量与作业前的准备工作有密切的关系。大机维修作业前的准备工作包括补充道砟、处理翻浆、锁定线路、整治钢轨表面缺陷等,特别要全面掌握道口、桥梁、曲线及绝缘接头的位置。这些工作的好坏将直接影响作业质量。

1. 补充足够道砟

石砟没有事先补足,会因为道砟不足而导致枕下密实度不够,引起稳定后轨面的较大沉降,道砟多处轨面高,道砟少处轨面低,甚至会出现起道后因无足够道砟垫起轨枕而达不到标高,导致高低、水平的极大误差,满足不了作业要求,极大影响施工质量。

2. 处理好道床板结及翻浆冒泥道床病害

在线路上总有零星的道床板结和翻浆冒泥病害严重地段,如果没有预先对这些病害进

行有效处理,必将影响大型养路机械的线路维修质量。在道床板结地段,捣固车难以下插,而捣固车下插不足设定深度时,捣固镐是不进行夹实作业的。这样就出现只捣固不夹实的现象。即使下插到了规定深度,由于道床板结,也不可能使枕底道砟均匀密实,更有甚者还损坏了设备,造成夹持油管破裂。对于翻浆冒泥地段捣固作业时,也同样会使作业前后的线路产生不均匀沉降,使养路作业质量难以令人满意。

3. 预先拧紧扣件

如不预先拧紧扣件,捣固车起道时可能只提起钢轨,而轨枕未动,这样势必影响作业质量。即便起道捣固后当时达到了标高,但在列车荷载的作用后,会出现紧固处轨面高,不紧固处轨面低的现象,如此无规律地交替出现会导致轨面高低与水平的不良,造成列车的颠簸与摇晃。

4. 拆除道口板、有砟桥梁的护轮轨

作业过程中,有的区间道口板以及有砟桥的护轮轨没有拆除,捣固车在此处无法进行起拨道、捣固作业,只能跳过这一段,这样必然影响线路的方向和前后高低。有些工务部门虽然拆除了钢轨间的道口板,但未拆除轨枕两端的道口板,捣固车在此处作业时无法挪动轨枕,致使线路方向无法调整,更有甚者还改变了捣固车原有的拨道基准点,造成道口前后方向不能调顺。

5. 调查清楚实际的曲线资料

在长期的线路养护过程中,会造成曲线延长,曲线要素也会发生变化。如果仍然把原始设计资料提供给大型养路机械进行作业,则提供的曲线资料与实际不符,就必然导致机械作业后的曲线肯定不尽人意,甚至在捣固车作业后形成一反弯,俗称"鹅头"。

6. 确定适当的基本起道量

捣固车的作业方式是全起全捣,必须要有一定的起道量才能消除轨道横向和纵向的误差,但是过大的起道量无疑对道床扰动较大,作业后的沉降较大,均匀性也差。在维修作业中对线路过大的扰动有百害而无一利。根据捣固车作业后轨面下沉规律研究表明,当基本起道量为 25~40mm 时,作业后轨面下沉比较小,且均匀;而基本起道量小于 25mm 或大于 40mm 时,作业后轨面下沉比较大,且不均匀。所以确定最佳基本起道量的原则如下。

(1)最小起道量不应小于作业线路在 16m 距离内的最大横向水平误差值,以保证横向误差的消除。

(2)要坚持控制基本起道量,使其尽可能小,以减小对线路的扰动,使线路保持应有的稳定性。为此应本着从实际出发的原则,结合道床道砟多少和密实程度确定适当的起道量。

这样既能最大限度地消除横向和纵向误差,又能控制其量值,否则过大的起道量不仅难以维持而且造成线路状态失稳。一般对于线路维修作业,基本起道量定为 25~40mm 比较适宜。对必须有较大起道量的线路,当起道量大于 40mm 时应捣固 2 次,当起道量大于 100mm 时应分两次或多次作业,并及时补充道砟,以增加道床的稳定性。

综上所述,工务养护部门在大型机械作业前一定要做好以下准备工作:保证线路上充足的道砟;处理好板结、翻浆冒泥等基床病害;更换失效轨枕;拧紧扣件螺母;拆除道口板、桥梁护轮轨、防胀器;去掉线路上石支撑或木支撑;在钢轨接头的轨枕上做好记号,以便两次捣固;在曲线地段,应全面掌握第一手实际曲线资料,把实际曲线主点都标志在轨枕上;确定适当起道量等等。在大型机械作业后,养护部门还应及时恢复拆除的设备。只有这样,才能在作业准备阶段保证线路"天窗"封锁施工的安全和质量以及线路作业后的正点开通。

三、大型养路机械作业标准与线路维修质量的关系

大型养路机械的作业标准化对作业质量起着极为重要的作用。作业中不坚持标准，盲目拼抢，捣固速度太快，夹实时间不足，都会导致作业后出现了起道标高急剧衰减，平均沉降很大，水平、高低超限，导致在大型机械作业后，再组织劳力进行安全养护，造成了极大的浪费。大型养路机械的作业标准包括作业参数、作业方法选择、作业程序、劳力组织。

1. 作业参数

作业参数主要包括夹实时间、夹实压力、捣镐的下插深度、捣固速度、稳定速度等，这些参数未能达到作业标准都将最终引起轨面的不均匀沉降，导致高低、水平不良。

(1)一般夹实时间不能低于1.0s，否则将影响道砟的最终密实度。

(2)夹实压力，其外镐压力应为9～12.5MPa，内镐压力应为14MPa，压力不足也将导致道砟密实度不够。

(3)捣固深度不低于15mm。

(4)捣镐镐掌高度不得低于56mm，严禁缺镐作业。

(5)严格控制作业进度，捣固次数每分钟不得大于18次，对起道量超过40mm地段及道口、钢轨接头处应进行复捣。

(6)动力稳定车其作业速度为0.8～1.2km/h，振动频率在25～30Hz。

2. 作业方法选择

(1)起道抄平作业方法的选择。捣固车的起道抄平方法有补偿法和精确法两种。补偿法抄平不需要预先对线路进行纵断面测量，在给定一定基本起道量，作业后就会使该段线路轨道上现有的高低偏差值自动减少到原来的1/3.5。由此可见，补偿法能减少既有线路纵向(高低)偏差(但不能消除误差)。这种方法主要适用于原线路的高低偏差较小或不要求达到设计(或设定)标高的抄平作业。由于一般维修作业中既有线路的长平误差不会太大，而且维修作业后并不要求达到原设计标高，用补偿法作业后线路能基本达到平顺，达到《铁路线路修理规则》要求，因此，搞线路维修时通常采用补偿法。

精确法抄平则是线路纵向每一点都严格按测量的标高进行起道，作业后线路纵向各点都要达到设计标高。其前提条件是，必须进行轨道纵断面测量，每间隔2～5m给出一个起道量值，逐点输入，从而形成一个有精确标高要求的线路。该方法特点是各点按既定的标高进行起道，但测量工作量大，起道量亦大。当线路长平(高低)不良、用补偿法难以达到《铁路线路修理规则》要求，或大、中修作业中要求线路长平进行全面调整以达到设计(设定)标高时，就必须选用精确法。

此外，在线路维修中有控制点(如道口、桥梁、隧道等)时，对线路有严格的标高要求，就必须采用精确法作业，才能达到要求，用补偿法则难以如愿。对于大、中修作业中原线路长平较差时，亦可先用补偿法作业，再用精确法作业较为适宜。

(2)线路方向整正作业方法的选择。线路方向整正的作业方法有四点法、三点法和直线激光准直作业法3种。

①四点法拨道无须人为输入拨道量，能通过捣固车两固定点的正矢对比，自动将线路拨圆顺。四点法简单易行，能大大减小偏差，但消除不了误差，更不能保证使线路恢复到设计位置。一般在线路维修作业中，当既有线路方向较好，又无控制点特殊要求时，线路维修常

选用四点法。

②三点法拨道则是先通过测量,每隔 2~5m 给出既有线路与设计(设定)线路的方向偏移量,逐点输入,从而使轨道拨正到设计(设定)轨道中心线的位置,是一种精确法。其特点是能按照固定点拨道,使其恢复到设计(设定)位置,但偏移量的测量或计算较为烦琐、困难。由于大多情况下既有线路经多年运营、维修,很难恢复各点的原线路中心位置,即使能恢复,其偏移量也可能很大,而维修作业并不要求使线路各点恢复到原设计位置,所以三点法主要适用于大、中修作业,而维修作业中较少应用三点法。

但在线路维修作业中存在控制点(如道口、桥梁、曲线头尾)需按限定值拨道时,或原线路线向较差,而用四点法又达不到要求时,就必须采用三点法进行作业。如桥梁上线路向某一侧有一定的偏载时,可先测出各点偏差值,按三点法逐点输入,即可使线路恢复到桥梁线路中心位置。再如原有曲线不圆顺、正矢误差较大而且较乱时,用四点法难以达到要求,可先根据现场实测正矢值,计算其拨道量,采用三点法送点输入,即可收到较好效果。

当既有线路方向严重不良,又要求恢复到设计(设定)中心线位置时,这时一次拨道量可能会很大甚至超过捣固车的最大拨道量,对此较好的办法是先用四点法进行初拨道,减少偏差后再用三点法作业。

③直线激光准直作业法。捣固车在直线上通过其激光发射器和激光接收装置,能自动输入捣固车前端线路的偏移量,使作业后线路各点方向与激光线方向一致,其一次作业距离可视环境条件达到 600~800m。只要激光发射器发出的激光束线向与线路理想中心线重合,即可使线路拨到理想位置。其特点是方向性十分好,且不需要像三点法那样逐点测量后手动输入。在直线上作业时应尽量使用激光准直作业法,但激光准直法要求较严,必须保证每次激光线向一致并与理想(设计)中心线重合,否则后果不堪设想。

另外,使用激光准直法拨道会由于既有线路与设计中心线偏差较大,而产生过大的投量,势必对道床扰动过大或影响与邻线的线间距,这是线路维修所不允许的,因此,使用激光准直作业法时应注意这些方面问题。

3. 作业程序

机械作业与机械编组顺序对尽快恢复线路强度与稳定性有决定性作用。施工现场一般采用先"捣固"、再"稳定"、后"整形"的作业顺序,编组采用"捣固车 1→捣固车 2→稳定车→整形车"的顺序。根据封锁时间的长短,在捣固车 1 与捣固车 2 之间预留适当的距离,两车同时向同一方向捣固,捣固车 2 适时靠拢捣固车 1,预留出稳定车与整形车的作业时间,然后整形车跟上(它的作业速度较快),以保证能力的匹配及效率的发挥。

4. 劳力组织

机组人员的安排对作业速度与故障排除极为重要,也直接影响到作业质量。除捣固、稳定、整形车上必备的司机与操作手外,每车两侧均须安排 2 人观察车辆作业状态,车辆运行前方须有专人引导,后方有专人测量轨道几何状态,及时发现作业中出现的影响安全、质量的问题,采取对策,及时纠正,保证作业质量,同时配备一定的预备力量,防止出现突发情况,灵活处置,确保作业安全与正点。

▶▶ 四、机械设备状态与线路维修质量的关系

(1)捣固车起道精度不够,造成作业后的线路下注或高包。
(2)捣固车拨道精度不够,会产生作业后的线路存在方向问题。

(3)捣固车的捣固深度不足和捣镐夹持压力不够,使道床均匀密实达不到要求,作业后的线路稳定保持时间减短。

(4)继电器、风路、液压件、电器元件、发动机、捣镐等设备的性能与状态,在很大程度上也影响着施工质量。机械保养和操作人员应该在日常工作中经常检查、校正,确保机械各部分设备都处在良好工作状态。

▶▶ 五、操作技能对线路维修质量的影响

大型养路机械是技术密集型装备,对管理者与使用者的要求很高。为了保证大型养路机械作业质量,其操作者应当懂得它的机械性能与电气控制原理、铁道工程及线路养护知识、行车操作及安全知识等,应当掌握大型养路机械各岗位的操作技能、各部位的保养维护技能、机械检修及故障排除技能、设备标定及选择作业方法技能、及时修正误差、起拔道等人工干预的技能。只有掌握了这些操作技能,方能解决现场存在的疑难问题,提高维修质量。

练习题

1. 论述大型养路机械对我国铁路线路维修工作的重要意义。
2. 简述各种大型养路设备的作用。
3. 简述大型养路机械作业对道床阻力的影响。
4. 线路维修作业技术规定有哪些?
5. 简述大型养路机械作业标准与线路维修质量的关系。
6. 结合生产单位实践,讨论大型养路机械作业施工组织设计的注意要点。

单元四

线路机械化修理施工组织

【知识目标】
1. 熟悉线路机械化修理施工分类原则;
2. 掌握大型养路机械施工作业组织网络规划的方式方法;
3. 掌握大型养路机械综合维修施工组织、大修施工组织基本要求;
4. 了解大型养路机械特殊情况下的施工管理。

【能力目标】
1. 能够运用线路机械化修理施工分类阶段合理安排施工作业;
2. 会使用网络规划大型养路机械综合维修施工组织;
3. 基本掌握大型养路机械维修作业对道床纵向、横向阻力的影响;
4. 熟悉大型养路机械特殊情况下的施工管理。

学习项目一　线路机械化修理施工分类

根据铁路线路修理规则规定,线路设备修理分为线路设备大修和维修两类。其中线路大修分为普通线路换轨大修和无缝线路换轨大修。

▶▶ 一、线路大修施工分类

线路大修施工分为以下 8 类:

(1)线路大修。铁道线路上的钢轨疲劳伤损、线路方向、轨枕断裂、地基变形、翻浆冒泥、轨形几何尺寸不符合要求,无法满足铁路安全运输需要时,必须进行线路大修。线路大修又可分为普通线路换轨大修和无缝线路换轨大修。无缝线路换轨大修按施工阶段可分为铺设无缝线路前期工程和铺设无缝线路后期工程两部分。

(2)成段更换再用轨(整修轨)。

(3)成组更换道岔和岔枕。

(4)成段更换混凝土枕。

(5)道口大修。

(6)隔离栅栏大修。

(7)其他大修(以上未涵盖的线路设备大修项目列其他大修)。

(8)线路中修。在线路大修周期内,道床严重板结或脏污,其弹性不能满足铁路运输需要时,应进行线路中修。石灰岩道砟应结合中修有计划地更换为一级道砟。在无路基病害、一级道砟、道床污染较轻、使用大型养路机械按周期进行修理的区段,通过有计划地进行边坡清筛,应取消线路中修。

此外,因线路设备大修引起其他设备变动时,应由铁路局在相应的大修计划中统一安排。

▶▶ 二、综合维修分类

1. 综合维修

综合维修是指根据线路变化规律和特点,以全面改善轨道弹性、调整轨道几何尺寸和更换、整修失效零部件为重点,以大型养路机械为主要作业手段,按周期、有计划地对线路进行的综合性维修,以恢复线路完好技术状态。

2. 经常性保养

经常性养护是指根据线路变化情况,以养路机械为主要作业手段,对全线进行有计划、有重点的经常性养护,以保持线路质量处于均衡状态。

3. 临时补修

临时补修是指以小型养路机械为主要作业手段,及时对线路几何尺寸超过临时补修容许偏差管理值及其他不良处所进行的临时性整修,以保证行车安全和平稳。

▶▶ 三、施工过程的类型

1. 施工准备过程

施工准备过程指施工作业前所进行的全部生产技术准备工作,如可行性研究、线路状态调查、施工方案设计等准备环节。

2. 基本施工过程

基本施工过程指直接为恢复线路基本状态而进行的生产活动,如各种型号的大型养路机械施工作业。

3. 辅助施工过程

辅助施工过程指为保证基本施工过程的正常进行所必需的各种辅助活动,如机械设备检查、保养和维修。

4. 施工服务过程

施工服务过程指为基本施工和辅助施工服务过程,如材料、燃料的供应和运输等。

▶▶ 四、施工过程的组成

从施工组织的需要出发,全部施工过程可分为:

1. 动作与操作

(1)动作:工人在劳动时一次完成的最基本的活动。

(2)操作:若干个相互关联的动作组成操作。

2. 工序

工序指劳动组织上不可分、施工技术相同的施工过程,它由若干个操作组成,施工组织往往以工序为对象。

3. 操作过程

操作过程是由几个在技术上相互关联的工序组成,可以相对独立完成的一种细部工程。

4. 综合过程

综合过程是若干个在产品结构上密切联系,能获得一种产品的施工过程的总和。

▶▶ 五、施工过程的组织原则

1. 施工过程的连续性

保持施工过程连续性对缩短工期节约流动资金、对提高劳动生产效率有较大经济意义。

2. 施工过程的协作性

各施工环节的人数、生产效率、设备数量等都必须互相协调,以使施工中的人力、设备得到充分利用。

3. 施工过程的计划性

各个施工环节都应按照工生产计划的要求,工作负荷保持相对均衡,不发生时松时紧、前松后紧的现象。

4. 施工过程的经济性

施工组织追求经济效益最大化。

▶▶ 六、施工作业方式

施工作业方式分为4类。

1. 顺序作业

按工艺流程和施工程序,按先后顺序进行施工操作。

2. 平行作业

划分几个施工,同时按程序施工。

3. 流水作业

将不同工程对象的同一施工工序交给车间执行。各车间在统一计划安排下,依次在各个作业面上完成指定操作。前一操作完成后,转移至另一个作业面,执行同样操作,后一操作由其他专业队执行。

4. 复合式作业

(1)平行—流水作业法。在平行基础上,再流水。如一个项目划分几个工阶段,每个施工阶段同时开工,而每工序流水作业。

(2)顺序平行作业法:以增加施工力量,来缩短施工周期,但缺点突出,适用于突击作业。

(3)立体交叉平行流水作业法:在平行流水的基础上,采用上、下、左、右全面施工的方法。它可充分利用工作面,有效地缩短工期,一般适用于用工序繁多、工序集中的项目。

(4)网络计划法。在工程施工中,首先根据各项工作之间的逻辑关系,绘制施工网络,通过计算找出关键工作和关键线路。然后按照一定目标不断调整、优化初始网络图,得到最优化的施工进度计划,并在计划的执行过程中进行台有效的控制和监督。确保以最小的消耗取得最大的经济效益,按期完成施工任务。

▶▶ 七、机械化施工组织基本原则

(1)施工连续高效运转,确保工程质量标准、技术标准。

(2)主导机械选择、控制合理,配套机械的选择与周围环境条件协调一致。

(3)提高机械的使用率,满足均衡使用要求。降低人员的工作强度。

(4)安装调试简便,转场运输方便。不形成交叉作业。

(5)降低机械使用费,减少机械闲置。配套机械协调作业达到经济目的。

▶▶ 八、机械化施工组织设计的内容

1. 机械化施工总体计划内容

(1)确定施工计划总工期。

(2)重点工程的机械施工方案和方法。

(3)机械化施工的步骤和操作规程,相关的机械管理人员。

(4)机械最佳配合、各季度计划台班数量。

(5)机械施工平面设置与机械占地布置。

(6)确定机械施工的总体进度计划。

(7)安全预案以及应急措施。

2. 机械化施工的分部分项工程计划内容

(1)分部分项工程日进度计划图表。

(2)工程项目机械配合施工的安排计划(施工方法及机械种类)。

(3)机械施工技术、安全保证措施。
(4)机械检修、保养计划和措施。
(5)机械的临时占地布置和现场平面组织措施。

学习项目二　施工组织网络规划

▶▶ 一、机械化施工进度图表

横道图(垂直图)制作如下：
(1)确定各机械施工工序的主导机械种类、功率。
(2)绘制一般工程施工进度横道图。
(3)将横道线上的数字用机械台数的数字代替。
(4)绘制机械台班分布图，并将分布图统计为详细计划表。
(5)合理确定配套机械的种类、功率。

▶▶ 二、管理曲线方法

(1)做好横道图计划复制件，并将机械施工工序的机械作业量计算出来，按累计方法计累计时间段的累计量。
(2)在横道图上用累计百分比的方法标注纵坐标刻度，以时间单位为横坐标刻度。
(3)按计算出来的累计量在图纸上标点，并用曲线连接形成S形曲线。
(4)当做出进度计划的曲线以后，随着实际日进度的完成，统计机械作业量并将累计量图纸上标点，并用曲线逐点连接各点，看是否形成S形，并与计划S形曲线比较。
(5)时刻关注实际进度点与计划点的差异，做出书面报告及时汇报。

▶▶ 三、网络图制作

(1)确定各机械化施工工序的主导机械类型和数量。
(2)分析工作关系，列出逻辑表达式。
(3)采用水平箭线或折箭线，按从左到右、从上至下排列。
(4)合理布局，层次清晰，重点突出，减少箭线交叉，密切工作相邻布置。
(5)虚箭线表示逻辑关系。
(6)绘制机械台班分布图，汇总统计表。
(7)确定配套机械种类和数量。

▶▶ 四、机械的维修及保养计划

为确保机械的正常、安全使用，必须按照设备管理规定和机械使用状况合理制定维修及保养计划。

1.施工设备情况

(1)机械在生产使用中的状态。
(2)工地及计划中是否有闲置的备用机械。
(3)机械故障的出现对机械的影响程度及对进度的影响程度。

2. 维修需求

(1)机械发生故障的频率(是否应尽快维修)。

(2)机械发生故障的维修时间是否导致长时间停工。

(3)机械修理故障所需费用是否值得。

3. 质量保障

(1)带故障的机械对工程质量是否有影响。

(2)故障机械的修理费用与影响质量效果的比重。

4. 安全评估

(1)因机械故障可能引起的伤害程度。

(2)因机械故障可能引起的危害程度。

5. 保养措施

(1)每日保养措施。

(2)定期保养措施:包括每周保养措施和每月保养措施。

五、网络规划

1. 网络图的基本概念

网络图是一种表示整个计划中各道工序(或工作)的先后次序、相互逻辑关系和所需时间的网状矢线图。网络图是网络计划技术的表现形式和应用工具,它既是一种科学的计划管理方法,又是一种有效的工程施工组织方法。从定义可以看出,网络图应该能够反映出各工序的施工顺序、相互关系。

2. 构成网络图的三要素

(1)箭线(工序、工作)。在网络图中,带箭头的线段,称箭线,可表示下列项目:

①表示单位工程。如某段铁路线路先进行人工预处理,然后进行清筛、配砟、捣固和稳定,最后人工局部处理和检查调整,用于绘制总网络图。

②表示分部工程。如清筛作业中先人工开挖导槽,然后进行机械化清筛,最后进行污土道砟的运送和处理。用于绘制分部网络图。

③表示具体工序。如捣固作业中的摘车、放车、作业、收车和连挂。用于绘制局部网络图。箭线表示的具体内容取决于网络图的详略程度。箭线代表整个工作的全过程,要消耗时间及各种资源,一般在网络图上标注的是消耗时间的数量。虚箭线是箭线的一种特例,表示的是虚工作,是一项虚设的工作。其作用是为了正确的反映各项工作之间的关系,虚工作即不占用时间也不消耗资源。

(2)节点。节点指前后两工作(序)的交点,表示工作的开始、结束和连接关系,是瞬间概念,不消耗时间和资源,如图 4-1 所示。

图 4-1 中第一个节点,称始节点;最后一个节点称终节点;其他节点称中间节点。节点沿箭线由左到右从小到大。一项工作中与箭尾衔接的节点,称工作的始节点。一项工作中与箭头衔接的节点,称工作的终节点。

其他工作的箭头与某工作的始节点衔接,该工作称紧前工作。其他工作的箭尾与某工作的终节点衔接,该工作称紧后工作。例如图 4-1

图 4-1 节点

中 A 为 B 的紧前工作，B 为 A 的紧后工作。

3. 线路

线路指网络图中从原始节点到结束节点之间可连通的线路。
(1)两节点间的通路称线段。
(2)需工作时间最长的线路，称关键线路。
(3)位于关键线路上的工作称关键工作。

4. 网络图的绘制方法

(1)绘图规则：
①正确反映各工序之间的先后顺序和相互逻辑关系。
②一个网络图只能有一个始节点，一个终节点。
③一对节点间只能有一条箭线。
④网络图中不允许出现闭合回路。
⑤网络图中不允许出现双箭线。
⑥两箭线相交时，宜采用过桥式。
(2)网络图的绘制步骤：
①认真调查研究，熟悉施工图纸。
②制定施工方案，确定施工顺序。
③确定工作名称及其内容。
④计算各项工作的工程量。
⑤确定劳动力和施工机械需要量。
⑥确定各项工作的持续时间。
⑦计算各项网络时间参数。
⑧绘制网络计划图。
⑨网络计划的优化。
⑩网络计划的执行、修改和调整。

学习项目三　大型养路机械施工组织

大型养路机械参与线路综合维修、大修，是迅速提高线路设备质量的有效手段，是工务维修体制改革的方向，按原铁道部部颁《铁路线路修理规则》要求，线路综合维修原则上要成区段的进行。

我国铁路工务养路工作正处在大型养路机械配套发展时期，受资金、技术等各方面条件限制，各铁路局养路机械化发展程度不一，养路机械配套尚未完全满足线路维修需要，这就导致针对同样的线路大、维修任务，各铁路局可能采取的大型养路机械施工机组不同、作业程序不同、需要的"天窗"时间也有较大差异。各铁路局需要根据现有的机械类型、数量、安全技术条件等制定相对合理的规范化的机械化养路程序。

为确保施工工期、质量和运输安全，线路大修工作前必须根据现有机械技术条件、线路实际运营情况，制定详细的施工组织设计。施工组织设计的基本原则为：在满足施工技术可行性的前提下，优化运输组织，严格施工进度计划，确保在规定的"天窗"时间内完成线路大修施工并实现施工期间运输秩序的基本稳定。

一、大型养路机械作业车辆编组

根据《养路机械及线路检测设备装备标准》(铁工务〔1998〕62号)规定,大型养路机械作业车辆编组可分为:线路大修机组、线路维修机组、道砟清筛机组、大修列车机组等,视线路作业实际情况,可将大型养路机械组合成不同的专业组,各作业机组均配备规定种类、数量的大型养路机械组合施工作业。

车辆编组是大型养路机械施工组织设计的重要内容之一,现以P95大修列车同步换轨换枕大修施工作业为例,将进入区间的大型养路机械按作业程序划分为五个专业组,即换轨换枕组、清筛换砟车组、卸砟车组、抬道捣固车组和整细验交车组分别说明如下:

1. 换轨换枕车组

预先卸下长轨条,线下连焊,采用P95大修列车同步换轨换枕。

2. 清筛换砟车组

编组顺序为配砟整形车、清筛机、捣固车。其中配砟整形车主要进行分砟作业,即将道床砟肩部位的道砟尽可能切分到清筛机扒链范围以外,从而减少每米道床实际通过清筛机的道砟数量,以达到加快在封锁时间内清筛换砟的目的。捣固车的作用是对挖去"面"砟后的"荒"道进行起、拨、捣作业,确保卸砟车作业的安全。施工中大型清筛机配置的数量,应根据机械保有量状况和日进度的要求决定,一般配置2~3组。

3. 卸砟车组

卸砟采用风动卸砟车,每日卸砟数量依据日换砟进度和阶梯提速抬道长度、抬道量计算结果确定。在换砟日进度为1.2km及阶梯提速进度正常稳定的情况下,一般每日卸砟应在2400~2800m^3,但考虑到卸砟车组需每日返场装车,现场还应配备必要的周转卸砟车组。一般情况下配备了3列(每列40车)卸砟车组,最大日卸砟能力可以达到3600m^3。

4. 抬道捣固车组

在卸砟车组后面的作业,由配砟整形车、捣固车和动力稳定车来完成。各种车的数量和型号依据日换砟进度和本单位的设备保有量确定,一般情况下可以按配砟整形车、捣固车、捣固车、配砟整形车、捣固车、动力稳定车的顺序编组。

5. 整细验交车组

在列车速度为120km/h的条件下,线路经24h的运营使用后,再进行一次加强捣固和稳定作业,以确保作业后客车按160km/h的速度安全运行。本次作业后,经施工、监理和设备管理单位共同检查、签认,该施工段的维修、保养和安全的责任就移交设备管理单位。

二、施工组织

大型养路机械是技术密集型的现代化线路作业机械,进行大型养路机械维修作业是一项系统工程,要求路局的车、机、工、电等部门密切配合,任何一个环节不畅都会影响大型养路机械施工作业的顺利进行,所以大型养路机械作业应成立以主管副局长为组长,由车、机、工、电、水等部门参加的"大型养路机械施工作业领导小组",部署和协调有关大型养路机械施工作业的事宜,负责指挥和协调各单位的分工合作。

1. 机械队职责

机械队应按路局下达的施工作业计划,根据施工作业方向,做好大型养路机械的编组工作,保证施工作业方向正确。按技术要求,选择一段标准的线路做好大型养路机械调试和标定工作,同时,做好整套机组的保养和备品准备工作。按工务段提供的线路施工技术资料,编制好月度施工计划,提前3天段调度提报封锁施工计划,按批准的施工计划,以调度命令为准进入封锁区间进行施工作业。施工结束,并在全部大型养路机械都返回车站后,注销当日施工封锁点,并向段调度汇报当日作业情况(进度、作业质量、安全及封锁时间和线路开通时间)。

2. 工务段职责

按大型养路机械参与综合维修"三部曲"的有关要求,做好大型养路机械作业前、作业中、作业后的配合工作。派专人对大型养路机械作业后的线路进行随机验收工作。

3. 电务段职责

在区间封锁后,及时拆除妨碍大型养路机械作业的跳线及其他电务设备,不能进行大机作业地段,应提前通知大机带道人员,并在轨枕上做好标记。

4. 通信段职责

根据工务机械段或工务段的请求在大型养路机械的停留站上尽快地给工务机械段办公车上安装电话,以保证通信联络的畅通。

5. 车辆段职责

在区间封锁后,及时拆除妨碍大型养路机械作业的红外线探头及其他相关设备,不能进行大机作业地段,应提前通知大机带道人员,并在轨枕上做好标记。

大型养路机械到达目的地车站停留时,大型养路机械及相关附属车辆的防溜,由工务机械段自行负责,在未到达目的地车站,而在中间车站暂时停留时,大型养路机械及相关附属车辆的防溜由务部门负责。车站应根据行调的命令及时封锁区间,最大限度地保证天窗时间,在大型养路机械施工作业完毕并确认全部施工机械都已返回车站内后,方可开通区间放行列车。

▶▶ 三、施工作业程序设计

大型养路机械施工作业程序分为"三部曲",也就是我们所说的按作业前、作业中、作业后3部分进行安排设计。大型养路机械实施线路维修作业前和作业后的工作量由工务段自行完成,大型养路机械作业中的工作量由大型养路机械在工务段的配合下完成的。大型养路机械线路大修作业前、作业中和作业后的工作量均由工务机械段自行完成。

1. 线路大修施工

线路大修施工时,工务段负责在线路封锁前一天需对施工段进行测量,埋设标桩,标注设计标高、起道量、拨道量并处理障碍物。根据工作需要以及"天窗"时间,须对既有线大修施工程序认真安排,以大型养路机械清筛换砟作业为例,施工顺序为:

(1)线路封锁前1h,列车限速60km/h,在清筛机作业地点进行线路开槽,为埋扒链做准备。

(2)清筛换砟作业车组连挂进入区间,到达各车预定的作业地点,解体后作业;整细车组连挂进入整细地段作业。

(3)清筛作业完成后,区间所有车辆退回安全区待避,卸砟车组进入区间在当日换砟地段和整细地段进行第一次卸砟,卸后回场装车。

（4）整细车组进入区间作业，完毕后退出。

（5）卸砟车第二次进入区间卸砟并退出。

（6）整细车组进入区间进行第二次起、拨、捣作业，作业完毕后所有车辆连挂退出。

（7）施工负责人检查线路并确认达到放行列车条件后，撤除线路封锁标志，按阶梯提速的要求设好慢行防护，妥善安排好巡检，经监理和监护单位主管人员检查确认后开通线路。

新线机械化整道基本作业是在摊铺底层道砟及轨道铺设后进行的，可分为：三次补砟、四次捣固、五次动力稳定。其流程为：第一次补砟提供拨移数据、起拨道捣固、稳定两次→第二次补砟提供起道拨移数据、起拨道捣固、稳定一次→第三次补砟提供起道拨移数据、起拨道捣固、稳定一次、线路锁定及静态几何尺寸检查、精整→加强性动力稳定→轨道整形。

2. 线路维修作业

对线路进行维修作业（线路的起道、拨道、捣固除外），应做到不漏项，不简化作业程序。

（1）提供准明确的符合现场实际的线路资料是保证大型养路机械作业质量的关键，曲线的头尾里程、曲线半径、缓和曲线长度、顺坡率、曲线正矢、直缓点和圆缓点的位置必须与现场实际相符。无缝线路地段要认真结合日常对无缝线路技术的技术管理和养护，对线路锁定轨温、同一锁定轨温轨节长度、分界桩号、允许作业轨温等资料，进行认真的调查，并以此为依据向工务机械段提供线路资料。否则，大型捣固车作业时会在曲线的头部或尾部留下鹅头或反弯，曲线若需要变更超高，应按变更后的超高提供线路资料，并重新计算缓和曲线超递增量，标注在缓和曲线各测点的钢轨上。

（2）道砟是否充足是大型养路机械作业质量好坏的另一个非常重要因素，道砟不足的处所必须在大型养路机械作业前补足，（起道量不大于 40mm 时，道砟以满槽为好，起道量大于 40mm 时，道砟应埋住枕木头为宜），否则，大型养路机械作业后的 48h 内，线路在列车的碾压下会产生较严重的不均匀下沉，导致出现三角坑和高低、水平等严重不良状况，从而影响整个线路综合维修的质量。

（3）对坍塌接头进行综合整治也是保证大型养路机械作业质量的重要环节之一，坍塌接头必须进行综合治理，而且必须在大型养路机械作业前进行，对坍塌接头处所必须进行彻底的换砟，低塌的钢轨接头应进行平轨或喷焊处理，否则，坍塌接头在大型养路机械在作业后仍然会很快再次出现，影响线路综合维修的质量。

对线路上特别是曲线地段的道砟情况进行调查，对道砟不足的地段特别是曲线上股，一定要提前补足、补够道砟。无缝线路区段的砟肩宽度不应少于 400mm，曲线外股应按规定加宽，砟肩堆高不应少于 150mm，普通线路的砟肩宽度不应少于 300mm。

方正轨枕，更换失效轨枕，更换和修理损坏和失效的连接件。改正轨距，矫正死弯钢轨，整治钢轨接头支咀、错牙等病害。调正轨缝消灭连续 3 个以上（包括 3 个）的瞎缝，消除超过允许范围的接头相错，整治线路爬行，补充和打紧防爬设备锁定线路。结合全面整修，更换和补充连接零件，有计划地进行螺栓涂油，同时将轨距杆移至靠轨枕，将防爬支撑移至钢轨下面或道心，若移至道心时，防爬支撑距轨底的距离不得少于 300mm。补焊和打磨轨面，消除轨面不构成重伤的掉块、伤疤、擦伤和马鞍形磨耗等钢轨病害。全面整正轨下胶垫，更换失效的大、小胶垫和尼龙挡板座，全面拧紧接头和扣件螺栓。综合整治坍塌处所，特别是坍塌接头，对道口等欠修和道床脏污严重的处所进行清筛，并均匀补充道砟。

3. 线路综合维修作业

大型养路机械进行线路综合维修、大修时，是进行全起、全捣作业的，故工务段必须在全面细致的进行线路状态调查的基础上,提供与线路实际状态相符的线路资料,必须根据线路高、低状态的情况给出合理的基本起道量,基本起道量一般以20~40mm为宜。经验说明起道量大于50mm后作业后的线路质量难以保持,这种作业条件下的线路,一般在作业后的5~10d内由于线路的不均匀沉落就会出现较严重的线路病害,若线路的实际起道量超过50mm,则应考虑分2~3次进行起道,并且二次作业时起道量不得大于30mm。凡是进行二次作业的地段,工务段都应配备一定的劳力和工具,在第一次作业后立即补充道砟,以利于第二次作业。曲线上个别点的正矢严重不良时可在该点将拨量和拨移方向标注在枕木上,大型养路机械可以在该点进行手动干预拨正,但在确定该点拨量时,应注意对相邻两点的影响。钢轨接头是线路上的薄弱环节,也是大型养路机械作业时的重点部位,大型养路机械在钢轨接头处应下插两次,加强对接头的捣固。在大型养路机械作业前,应将钢轨接头处的14mm和10mm胶垫更换为7mm胶垫,维修完成后,在一定通过总重的作用下开始产生低接头时,再更换成14mm和10mm胶垫,以保持轨面的平顺,不能将钢轨直接放置在混凝土枕木上,以免大型养路机械捣固和动力稳定作业时损坏枕木。

  无缝线路区段起道量不大于30mm,作业拨道量不大于10mm,作业轨温在实际锁定轨温的正、负20℃以内;起道量30~50mm,拨道量10~20mm时,作业轨温应为实际锁定轨温的+15℃、-20℃。大型养路机械在半径小于等于800m的曲线上作业时,作业轨温的正负值应再减小5℃。无缝线路地段应尽可能在下午线路降温阶段开天窗进行作业,以尽可能地减少大机作业后线路涨轨跑道的概率。

  大型养路机械作业时工务段应提供所需的线路资料:作业区段的起始和终了里程,作业区段内各控制点(道口、车站、进出站信号机、桥梁隧道等)的里程,作业区段内各曲线的曲线要素(曲线头尾里程、缓和曲线长、曲线全长、曲线全外股超高)。并作业时在曲线的ZH点、YH点所在的钢轨上做出明显标记,以方便捣固车校对同步点,无缝线路区段要结合日常对无缝线路的技术管理和养护,提供准确的线路锁定轨温,同一锁定轨温轨节长度、分界桩号、允许作业轨温等资料,作为工务机械段进行施工作业的依据。

  大型养路机械作业所在工务段应组织配合大型养路机械作业专业机组,进行大型养路机械作业前的各项准备工作和单项作业,确保在大型养路机械到达前的各项准备工作和作业项目,大型养路机械到达后,应调配对线路熟悉、技术业务素质高、责任心强的主任领工员或相当于主任领工员一级的干部作为配合大型养路机械施工作业的负责人,负责向工务机械段机械队移交线路资料,进行线路状态交底,提出施工作业时的有关具体要求,并协调和解决配合大型养路机械施工作业中出现的具体问题。在大型养路机械作业前3h内,拆除作业当日作业区段内的道口、桥梁护轨,道口的中间铺面和两侧铺面必须全部拆除并移出道心之线路以外,混凝土桥枕护轨允许放在道心,但护轨放置应于线路钢轨基本平行,距离不应少于300mm,两端弯向道心,中间进行适当固定,放置高度不应再超过线路钢轨顶面高度25mm,必须两侧钢轨内侧轨底300mm以外并加以固定。下列情况时护轨不允许放在道心:护轨的弯轨用梭头,曲线地段的护轨,木桥枕,虽为混凝土桥枕,单起道量大于30mm时,以上3种情况护轨必须拨出道心并且不得侵入限界,混凝土桥枕护轨螺栓的锚固高度若超过73mm时,应及时通知工务机械段,工务机械段应调整捣固装置的提起高度,以免损坏护轨螺栓。

  在大型养路机械作业前5h内,撤除线路钢轨接头处的调高垫板和高弹胶垫,换上普通垫板或7mm普通胶垫并上紧扣件螺栓,不允许钢轨直接和轨枕接触,清除堆积在钢轨轨头下颚处的道砟,以防止大型养路机械的夹轨钳脱落。大型养路机械参与综合维修时对钢轨接头处进行两次捣固,工务段应提前用粉笔或油漆在轨枕的斜坡处标注明显的"2X"标记,每个接头标注 4 块板,对各种原因受到限制不能进行捣固的处所,也应提前在轨枕上标注上明显的"X"标记。

  大型养路机械作业时,每一台捣固车都应由工务段派员看道,配合大型捣固车的操作手用手动方法有计划的消除大轨面和大方向上的不良地段,但在进行该项作业时应注意准确的测量大轨面和大方向不良地段的头尾位置,以此进行计算,并向大型捣固车 2 号位提供顺坡率、起拨道量和顺坡起止点,每台捣固车应有工务段派员用道尺和弦绳对作业后的线路的水平、高低、方向和曲线正矢进行随机验收,并记录超差处所的里程、轨号和超差值,已备评定捣固车作业质量之用,并随时将所测得的线路水平超差通知大型捣固车作业人员,以便及时进行修正,同时应注意人身安全,人员应和大型养路机械保持 5m 以上距离,防止被机械撞倒,发生人身伤亡事故。同时也不应离开太远,以免在发生超差时捣固车退行超过 10m 造成二次顺坡,影响捣固车的作业质量和作业效率。

  捣固车进行拨道作业时,一般用四点法进行,对线路方向严重不良或曲线上正矢连续差和最大最小差严重超限的应采用三点精确法拨道,但工务段应提前每隔 5m 将拨道量和拨移方向标注在轨枕上。在无缝线路区段作业时工务机械段机械队和工务段应坚持"三测"制度,即作业前、作业中(每小时一次)、作业后测量轨温,并加以记录和签字确认。

  作业中,工务机械段和工务配合人员应加强对轨面的观察,发现钢轨碎弯增多有涨轨迹象时,应立即停止作业,如线路已涨轨跑道,则应由工务段采取果断措施,此期间机械队应注意保护好大型养路机械设备。

  在无缝线路作业时应尽量减少重复作业,如必须重复作业时,应在动力稳定车进行动力稳定后进行。在无缝线路区段作业应坚持配砟车、动力稳定车、捣固车联合作业,动力稳定车必须在捣固车之后作业,捣固车坚持使用夯拍装置,以便对在捣固作业时丧失的道床横向阻力进行一定的补偿,在捣固车作业时,工务段应在每台车上备人工起道工具一套,在捣固车出现无法修复的故障时人工进行顺坡开通线路,大型养路机械当日作业完工后,工务段配合大型养路机械作业负责人根据作业质量情况签认《大型养路机械作业质量验收单》。

  大型养路机械作业中,工务段和工务机械段应密切配合,工务机械段应精心组织,精心施工,严格执行作业标准和作业质量标准,在起道时不要频繁变更顺坡率和起道量。

  4. 线路维修作业后

  在大型养路机械作业后工务段应在 5h 内恢复道口设备和桥梁护轨,并达到标准,同时也可以结合大型养路机械施工作业有计划的改造和更换道口设备,全面拧紧接头和扣件螺栓,更换和补充在作业中损坏的配件,全面整理道床,清理路间、侧沟,恢复道床断面尺寸,养路工区应加强对无缝线路的防爬观测和对线路的巡查,一旦发现涨轨迹象,则应采取果断措施进行处理,并将观测结果和处理情况加以记录,报工务段技术备查,按《铁路线路修理规则》对线路所进行的综合维修进行验收。

学习项目四 线路综合维修施工组织

▶▶ 一、线路综合维修

  由于轨道结构的组合性和散体性,所承受列车荷载的随机性和重复性,轨道结构在运营过程中不可避免地会出现残余变形积累,造成轨道的各种不平顺和病害。轨道不平顺一经出现,就加剧轮轨动力作用,造成轮轨系统的剧烈振动,缩短车轮和轨道部件的使用寿命,降低行车平稳性,严重时危及行车安全,并同时促使轨道不平顺进一步增大,形成恶性循环。为了终止轨道残余变形的恶性循环,确保列车能以规定的最高速度,安全、平稳和不间断地运行,就必须对轨道在运营过程中出现的各种变形采取、相应的修养措施,包括对轨道的经常维修和定期修理,借以保持和提高线路设备的质量,使轨道经常处于良好的工作状态,符合规定的技术标准,并最大限度地延长各设备的使用寿命。由此可见,科学合理的线路维修工作,不仅是安全运输的必要保障,同时可节省大量的运营投入。为此,应当合理地划分与组织线路维修工作,规定各类工作的性质、内容、标准、要求和实施周期。

综合维修是根据线路变化规律和特点,以全面改善轨道弹性、调整轨道几何尺寸和更换失效零部件为重点,按周期有计划地、对线路进行综合性修理,以恢复线路完好的技术状态。综合维修的周期应根据线路大中修周期,并结合线路条件、运输条件及自然条件等具体情况确定,以通过总重表示。

线路综合维修应在全年内有计划地进行,其基本任务是:消除线路上各种不平顺现象,防止自然因素对线路的侵扰,更换个别伤损部件,保证轨道的轨距、水平、方向、高低等几何形位符合规定的技术标准,道床和路基稳固、坚实,排水性能良好,轨道各部件无病害,线路外观整洁。为适应轨道变形多样性和不均衡性,充分体现"预防为主、防治结合、养修并重"的技术原则。

▶▶ 二、维修作业一般要求

大型养路机械线路维修施工作业的主要内容包括起道、拨道、捣固、砟肩夯拍、边坡清筛、轨道稳定、道床配砟与整形和钢轨打磨等。一般要求如下:

(1)大型养路机械维修施工封锁时间一般每次应不少于 180min,封锁前的准备作业和线路开通后的整理作业不得影响线路设备使用和行车安全;若有碍行车安全时,应办理施工慢行手续,慢行时间和开通速度按《铁路工务安全规则》(铁运〔2006〕177 号)的有关规定执行。

(2)大型养路机械的驻站与作业地段的距离不宜过长,一般不超过 25km。

(3)封锁施工"天窗"由工务机械段或工务段负责申请,区间封锁调度命令下达后,大型养路机械应连挂进入封锁区间。

(4)为保证大型养路机械在封锁区间内的作业安全,各机械车之间的间隔不得小于 10m。

(5)步进式捣固车的捣固频率不超过 18 次/min,连续式捣固车的捣固频率不超过 22 次/min,其他机型捣固车捣固频率按产品性能及作业要求掌握;动力稳定车的作业速度应控制在 0.8~1.8km/h,配砟整形车的作业速度应控制在 2.5km/h。

(6)在线间距不足 4.4m 的双线区段作业时,配砟整形车靠邻线一侧的犁板禁止作业。

(7)在封锁施工天窗内,配合单位均不得影响大型养路机械作业,配合单位负责拆除的设备,必须在大型养路机械机组结束当日该地点施工后,方可进行恢复安装工作。

(8)施工过程中,工务机械段和工务段必须各派 1 名联络员(或由施工负责人直接担任),以便随时联系,密切配合,确保施工顺利进行。

▶▶ 三、维修作业技术规定

1. 线路维修捣固作业

（1）捣固作业时应设置不少于 10mm 的基本起道量。当起道量为 10～40mm 时捣固 1 遍，起道量超过 50mm 时不少于 2 遍，接头、桥梁两头、道口处应加强捣固。

（2）在需变更曲线超高地段，当里股起道量大于 20mm 时，应分两次进行起道。

（3）线路方向的调整可采用四点式近似法，用 GVA(ALc) 自动拨道或查表输入修正值用手动拨道。当线路每隔 2.5m 有准确的拨道量时，可按精确法进行拨道。在长大直线地段，应采用激光准直系统进行拨道。

（4）捣固作业结束前，应在作业终点划上标记，并以此开始按《铁路线路修理规则》规定的坡度递减顺坡，达到安全放行列车的要求。一般情况下不在圆曲线上顺坡，严禁在缓和曲线上顺坡结束作业。

（5）在有砟桥上，枕下道砟厚度不足 150mm 时不能进行捣固作业。

（6）线路道床严重板结地段（一次下插镐头不能进入枕底面以下可视为严重板结道床），禁止使用大型养路机械进行捣固作业。

（7）在电气化区段作业，线路起道后的钢轨顶面至接触网距离应符合《铁路技术管理规程》（铁总科技〔2014〕172 号）的有关规定。

（8）在技术状态不良的桥梁上及线路水平严重不良地段禁止进行稳定作业。桥梁上的稳定作业应严格控制，必须在桥梁上进行稳定作业时，应制定安全措施。稳定装置应在桥台外起振、停振；作业中设备管理单位应随时观测桥梁状态，遇异常时，应通知稳定车停止作业。

（9）大型养路机械维修后的线路几何状态应达到铁路线路修理标准。

2. 道岔维修作业

（1）作业范围包括岔区及前后 50m 的线路，一次起道量应控制在 10～50mm，接头、辙叉、尖轨曲向可弯部位增加捣固次数。

（2）拨道采用三点法或四点法，拨道量不超过 20mm。直股和曲股分别捣固时，只能对直股拨道，曲股不能开拨道。

（3）钢轨、辙叉附近轨枕和尖轨转辙器 2 根枕等捣固车不能捣固区域以及受运输条件限制，捣固车不能同时捣固的曲股，应采用小型机械捣固或人工捣固。

（4）采用小型机械捣固曲股，应在道岔捣固车对第三点起道时进行。

3. 钢轨打磨作业

（1）新轨或波磨深度不超过 0.3mm 时，采用预防性打磨方式，否则应采用修理性打磨方式。

（2）预防性打磨作业遍数一般为 3 遍，修理打磨的作业遍数一般不少于 5 遍。

（3）相连两段线路重叠打磨的区域不少于 3m。

（4）桥梁和道口须拆除护轮轨后进行打磨作业。

（5）两组道岔间距超过 150m 的线路需打磨。

4. 道岔打磨作业

（1）波磨深度小于 0.3mm 时，采用预防性打磨方式，否则，应采取修理性打磨。

(2)道岔打磨区域为岔前25mm到岔后25mm。

(3)预防性打磨的作业遍数为直股不少于10遍,修理性打磨的作业遍数为直股不少于12遍。

(4)对岔心和岔尖,根据安全运行要求和维修养护需要确定是否打磨。

(5)作业前应仔细调查线路,确定各区段的主要病害,制定相应的打磨方案,剔除极个别病害特别严重的部位,减少打磨遍数,降低金属切削量。

(6)两组道岔间距不小于150m的线路需打磨,如有作业衔接点,则重叠区域不少于1.5m。

(7)交叉渡线和翼轨高于基本轨的区域不打磨。

(8)打磨直股时已经打磨过的尖轨转辙部分,在打磨侧股时可跳过。

5. 边坡清筛作业

(1)边坡清筛最大挖掘宽度为2750mm(线路中心距离),轨枕端至挖掘斗间应有50mm距离。

(2)挖掘的最大深度应距轨面下850mm。

(3)边坡清筛机单独作业时不使用松砟器。

6. 无缝线路地段维修

(1)安排无缝线路地段应根据季节合理安排维修,封锁"天窗"应避开高温时间。

(2)施工前,由工务段将该段线路实际锁定轨温及安全起、拨道量等技术数据送交工务机械段,并备足道砟,调直钢轨,拧紧螺栓,使钢轨接头螺栓和扣件螺栓扭矩符合有关规定。

(3)作业时,工务段应指派专人在施工地段测量轨温,作业轨温应符合《铁路线路修理规则》的有关规定。

(4)捣固车、动力稳定车、配砟整形车应紧密配合,形成流水作业,确保作业后的线路迅速得到稳定。

(5)为保证作业安全和作业质量,起道量一次不宜超过50mm,拨道量一次不宜超过80mm,曲线地段上挑下压量应尽量接近。作业后,道床肩宽应符合有关规定。

(6)作业中,机组人员应随时监测线路变化发现胀轨迹象,要立即停止作业,由工务段迅速组织抢修队伍进行处理,并使大型养路机械安全退出胀轨现场。

(7)作业后3日内,工务段应派有经验的巡检人员巡回检查线路状况,发现胀轨预兆及时处理。

(8)大型养路机械在无缝线路地段作业时,作业轨温条件如下:

①一次起道量小于30mm或一次拨道量小于10mm时,作业轨温不得超过实际锁定轨温±20℃;

②一次起道量在31~50mm或一次拨道量在11~20mm时,作业轨温不得超过实际锁定轨温−20~+15℃。

四、维修作业施工组织

维修作业施工由各铁路局工务机械段维修车间组织,每个车间设主任、副主任、设备技术员和线路工程师等人员。配合施工单位包括相关工务段、供电段、车务段、电务段、车辆段等。

各维修车间由大型养路机械维修机组及一定数量的大型养路机械附属车辆组成。线路捣固作业一般应配备线路捣固车、动力稳定车、配砟整形车,还可配备边坡清筛机;道岔捣固作业应配备道岔捣固车;钢轨或道岔打磨作业应配备钢轨打磨车或道岔打磨列车。根据需要,各维修车间可合并作业,扩大设备组合,以加快施工进度。

1. 捣固、稳定、配砟整形车机组

由于每次施工对象即线路等级、作业条件的不同,各机组的作业车配置也不尽相同。维修机组一般为"两捣一稳一配",即由两台线路捣固车、一台稳定车及一台配砟车组成,根据需要也有"三捣一稳"、"四捣两稳"等组合。配砟整形车一般安排在捣固车的前面,先对作业地段的道床进行整形作业,使道床布砟均匀,断面成形,然后进行线路捣固,最后使用稳定车进行稳定作业,以巩固捣固效果,增强道床的稳定性。

2. 道岔捣固车组通常由两台道岔捣固车组成

在实际生产中,通常要根据施工计划、封锁时间、线路状况、作业任务、现有大型养路机械情况、天气状况、工务段要求、配合单位情况等多方面因素来进行综合考虑,最终确定最优化的施工组织方案,不同的施工组织方案往往会有不同的维修车组组合。

3. 附属车辆

附属车辆的种类、编组及技术要求按照《大型养路机械附属车辆装备标准》执行。各车基本作业人员为:捣固车 5 人;动力稳定车 3 人;配砟整形车 3 人;边坡清筛机 7 人;道岔捣固车 6 人;48 头钢轨打磨车 8 人;道岔打磨车 6 人。实行轮休制的机组应增加足够的替班人员,并根据生产实际优化调整劳动组织。

▶▶▶ 五、作业程序

(1)各单位提前到车站运转室登记请求封锁。

(2)封锁命令下达后,大型养路机械凭封锁命令进入封锁区间,工务段负责设置区间封锁防护。

(3)大型养路机械机组在各自作业地段摘解,运行至各作业始点,将各工作装置转换至作业状态。

(4)大型养路机械机组开始作业。大型养路机械作业的安全防护由工务机械段设置,随机防护。

(5)施工结束前,各机组收起并锁定工作装置,并转换至运行状态、各机组连挂好后,成组返回驻地停留站。

(6)开通封锁线路,按规定注明开通时间及相关要求,由施工单位和各配合单位联合签字。

▶▶▶ 六、相关单位的工作配合

大型养路机械施工涉及车务、工务、电务、供电、机务、车辆等有关单位和部门,因此,施工前由铁路局组织召开施工协调会,统一安排施工配合、行车组织及后勤保障等具体事宜。

工务段

1. 作业前

(1)提供既有相关线路技术资料,并配合大型养路机械车间技术人员进行开工前线路现状调查,调查桥梁、隧道、道口、危岩、曲线各要素、歪斜轨枕和拉杆、石砟量、锁定轨温及其他附属设备等情况并书面签字确认,以便大型养路机械施工方根据调查情况及时制定相应安全措施和技术要求。

(2)在作业地段提前补充和均匀石砟,对施工地段进行抽板、方枕、改道、更换失效轨枕、调直钢轨及拧紧扣件等工作,并进行线路测量和标记。

(3)向工务机械段提供作业地段的里程、坡度、曲线要素等线路平、纵断面资料和线路起、拨道量资料。

(4)拆除影响大型养路机械作业的线路设施及障碍物,如观测桩、曲线桩、道口报警器、急救夹板、木撑、石撑、防爬器、有砟桥护轨等。轨距拉杆应串移紧靠一侧轨枕,使枕木间捣固净空范围不小于 200mm,对不能拆除的障碍物,在线路上做好醒目标记。

(5)拆除道口铺面、护轮轨、护木以及线路中心线两侧 3.5m 范围内妨碍机械作业的一切设施。轨枕间隔必须符合标准。

(6)道口是否采用大型养路机械进行维修由工务段决定。公路道口的封锁由工务段与地方管辖部门联系办理。

(7)对大型养路机械无法作业的地段,工务段应提前准备好小型养路机械进行作业。

2. 作业中

工务段随车验收人员实时检查大型养路机械作业质量,发现质量不合格处时,应立即通知大型养路机械施工负责人处理,确保作业质量和行车安全。

3. 作业后

(1)负责对转辙机及其他大型养路机械无法作业处所进行处理,负责对因大型养路机械发生故障后无法施工的线路进行恢复处理。

(2)及时恢复有关的线路标志、道口板、护轮轨等线路设施。

(3)施工结束后,工务段验收人员与工务机械段施工人员根据《铁路线路修理规则》中的验收标准共同确认作业质量,由工务段人员签字验收。

①电务段。作业前电务段需派专人负责处理钢轨接头处的连接线、计轴磁头及电容补偿器等妨碍大型养路机械作业的电务设施。

大型养路机械道岔捣固维修作业时,电务段负责重新恢复电务导线及道岔电务调试。施工结束后,电务段会同相关设备管理单位、大型养路机械施工负责人、车站值班员共同确认开通条件,并及时签认。

②供电段。作业前派人负责提前处理接触网接地线,使其紧靠轨枕一侧。负责供电作业车的作业指挥及要点停电。供电作业车与大型养路机械作业车连挂进入封锁区间作业,双方施工负责人保持联系,行动一致,在封锁点结束前双方作业车连挂后整列返回站内。作业时派人及时跟进,同步测量并根据需要调整接触网的网高及拉出值,当大型养路机械作业起、拨道量较大时,施工方应预留足够时间作为供电段停电调网时间,保证接触网安全供电、正点开通。

③车务段。提前安排好作业区段的大型养路机械停留车站及停留线,组织好大型养路机械站内调车编组工作。作业时,施工主体单位负责封锁时间的请求、登记,在《行车设备检查登记簿》登记清楚:使用项目、地点、所需时间,并经车站值班员签认后,方可进行。作业完成后,应会同相关设备管理单位、车站值班员确认正确后,及时销记开通线路。车站根据车间的登记,及时向行车调度办理相关手续,确保大型养路机械及时进入封锁区段作业。封锁时间结束后,有关车站应及时与行车调度联系,尽快使大型养路机械返回停留车站进行机械保

养。大型养路机械道岔维修施工时,车站负责作业中道岔开通位置的转换,锁闭和确认工作。

④车辆段。需提前处理安装在施工区段、由车辆段管理的车辆运行安全监控装置,无法拆除的需派专人负责监控;大型养路机械作业后,车辆段应及时恢复有关设备。

▶▶ 七、施工配合中的安全保证措施

各配合单位必须遵循"分工明确,责任清楚,措施具体,管理到位"的原则。行车组织部门必须严格按照《铁路技术管理规程》的规定指挥行车。要积极做好施工的组织、协调工作,按规定组织召开好工前准备会议,并做好各项会议纪要。一般施工要根据施工方案及安全卡控措施,对运输影响较大的施工,施工单位还要用"两图一表"(施工方案示意图,施工作业流程计划图,安全关键卡控表)完善施工方案,严格落实施工天窗和封锁、慢行计划,为施工创造条件。

配合单位、监护人员无故不到场,影响施工计划执行的,追究配合单位、监护人员和设备管理单位责任。

施工单位在施工前,要做好充分准备,并向设备管理单位进行技术交底,特别是影响行车安全的工程和隐蔽工程。施工中,要严格执行技术标准、作业标准、工艺流程和卡控措施,严禁超范围作业,确保施工质量。

各设备管理单位进行的施工,维修作业,需其他设备管理单位配合时,必须提前 3d 以配合通知书的形式向其他设备管理单位提出配合要求,配合单位不得无故拒绝配合;确因工作需要无法按时配合时,应立即书面回复作业单位。

施工单位至少在正式施工两天前向设备管理单位提出施工计划、施工地点及影响范围。设备管理单位接到施工单位的施工请求后,应对施工方案和计划及影响范围进行认真核对,并在施工开始前派员进行施工安全监督。

▶▶ 八、作业验收

大型养路机械作业项目主要包括:清筛、起道、拨道、捣固、动力稳定和钢轨打磨等。对于作业后的线路、道岔轨道静态几何参数应符合作业验收标准。作业验收标准遵照原铁道部《铁路线路修理规则》的相关规定执行。

大型养路机械施工作业线路综合维修、综合养护验收应当日作业、当日验收、当日交接,并填写"大型养路机械日作业验收单"。

大型养路机械施工作业验收采用静态为主、动态为辅的验收办法,以其中最差成绩作为该千米(组)的验收结果。

1. 静态验收

以稳定车记录仪资料作为验收依据,发现超限处所应立即组织返工。返工后仍有 4 处及以上达不到作业验收标准、2 处及以上超过Ⅰ级偏差或无法返工(每处长度不超过 5m,超过 5m 按 2 处计),判该千米线路为失格(验收项目不含轨距)。

2. 动态验收

大型养路机械维修作业地段完成后 30 日内,轨道检查车、动车组综合检查车、车载式轨道检查仪检查结果作为验收依据(不计轨距扣分)。

学习项目五　线路大修施工组织

▶▶ 一、线路大修概述

线路大修施工是在运营线上利用天窗时间进行的一项大规模的施工。在线路封锁以前，应将有关大型养路机械安排到位，相关配合人员、材料及机具预先就位以充分利用封锁时间，由于作业时完全破坏了既有轨道结构，因此，必须在规定的封锁时间内完成大修作业并顺利恢复线路，确保安全正点地开通线路。

线路大修的基本任务是：根据运输需要及线路的损耗规律，周期性地、有计划地对损耗部件进行更新和修理，恢复与增强轨道承载能力，延长设备的使用寿命。线路大修通常取决于钢轨伤损的发展情况，以全面更换新轨为主要标志。

线路大修分为两大类，即线路大修（或换轨大修）和单项大修。单项大修主要包括：成段更换再用轨，焊接铺设无缝线路，成段更换新混凝土枕、再用混凝土枕或混凝土宽轨枕，成组更换道岔或岔枕，成段更换混凝土轨枕扣件，路基大修，道口大修及其他设备大修等。

线路大修施工管理较为复杂，需要进行周密的施工组织设计和管理。线路大修施工管理的主要内容为：施工计划、施工组织设计、施工业务管理、施工材料管理、施工机械管理等。

线路大修计划一经确定，施工单位即应根据大修任务和施工条件编制施工组织设计。其主要内容包括线路设备现状、施工技术和技术标准、施工方法、施工程序、施工进度、施工配合、劳动组织和机具配备、工程数量及所需材料供应；编制施工进度指标图表；保证施工进度、质量和安全的措施；施工临时设施；职工生产保障安排等。施工组织设计是大修施工的行动纲领，是组织施工过程中各阶段和施工程序的依据，是有组织、有秩序、高质量完成大修的保证。在施工计划的实施过程中，要进行及时统计，深入现场进行施工指导，严格质量检查的工程验收，尤其注意确保施工前后的行车安全。

大修施工一般是从大修区段的起点逐段向终点推进，每个施工地段的进度要根据年度大修计划、施工期限、每次封锁时间的长短及其他一些情况确定。在每个施工地段上，大修工作分为准备工作、基本工作和整理工作3个阶段，为保证大修施工的正常进行，还需要先期安排一些预备性工作。

先期预备性工作属超前的准备工作，早于大修施工基本工作之前一段时间完成，目的在于保证行车安全，提高施工质量。准备工作是基本工作的序幕，通常在基本工作开始前完成，如拆除多余接头螺栓、设置临时方向桩、拆除道口及合龙口等准备工作。基本工作是指在封锁线路条件下进行的拆除旧轨排、平砟、铺设新轨排、清筛道床及捣固等作业，是完成大修任务的主体工作。整理工作是指完成基本工作后紧接着的对大修线路进行最后整正和清理的一切工作，经过整理工作后，应使线路达到大修验收标准。

为提高劳动效率，充分发挥大型养路机械和施工机具的效能，施工前应编制好技术作业过程。在每项工作的技术作业过程中，应说明与该工作有关的原线路特征、施工后应达到的技术标准、采用的施工方法及机具、材料及需要的封锁时间以及人员配合等到情况。准确确定各项作业的程序、工作量、工时消费、生产人员数量及劳动组织形式等。

▶▶ 二、大修作业要求

大型养路机械大修施工作业的主要内容包括成段更换钢轨、轨枕清筛石砟、更换道床，对路基翻浆冒泥地段进行整治以及对线路和道岔作业后的起道、拨道、捣固，线路砟肩夯拍，稳定、配砟和整形等。

1. 一般要求

(1)大型养路机械大修施工作业的封锁时间每次应不少于 180min。

(2)封锁前的准备作业和开通线路后的整理作业，均应在施工慢行条件下进行。封锁前的慢行时间一般为 60min，限速不超过 45km/h。开通后的线路慢行时间和开通速度按《铁路工务安全规则》的有关规定执行。

2. 无缝线路地段大修

(1)无缝线路地段大修施工作业轨温应严格控制在锁定轨温上、下允许偏差范围内，否则需放散应力后再进行清筛作业。

(2)作业中应严格执行对钢轨的测温制度，作业轨温应符合《铁路线路修理规则》的有关规定。

(3)作业前应根据清筛深度和道床的不洁率备足道砟。

(4)作业前应调直钢轨，不允许在 1m 范围内出现 0.5mm 以上的原始不平顺；检查钢轨接头螺栓和扣件的紧固状态，全面拧紧扣件。

(5)作业中，清筛机、配砟整形车、捣固车、动力稳定车采取紧密流水作业方法，使道床在清筛后能及时得到补砟、捣固，尽快恢复稳定。

(6)为保证大型养路机械大修作业的安全和质量，清筛机起道高度不应超过 30mm，轨向应尽量保持平顺，两侧边坡道回填要均匀，在曲线地段外股道砟应略多于内股。作业后，道床肩宽应符合有关规定。

(7)作业中，机组人员应随时监测线路变化，发现胀轨迹象要立即停止作业，由工务段迅速组织抢修处理，并使大型养路机械安全撤离胀轨现场。

(8)大型养路机械在无缝线路地段作业时，作业轨温条件如下：

①一次起道量小于 30mm，一次拨道量小于 10mm 时，作业轨温不得超过实际锁定轨温±20℃；

②一次起道量在 31～50mm，一次拨道量在 11～20mm 时，作业轨温不得超过实际锁定轨温－20～＋15℃。

▶▶▶ 三、施工标准化作业

(1)制定每日的施工计划、安全网络图。必须详细、周密，明确施工任务、作业要求，并作好安全预想工作。施工步骤落实到每人、每个岗位。

(2)开好班前会，认真总结次日施工情况，查摆问题，整改落实，完善施工网络图。

(3)制定施工列车开行计划。针对当日施工情况，制定详细的、合理的、有效可行的列车开行计划。

(4)制定安全、正点措施。对每日的安全、质量、正点情况进行分析，查摆记录，建立安全信息资料库，并认真学习施工中的相关文件(如施工策划、施工作业图、施工设计说明、有关协议等)，领会精神，高度重视、周密安排，针对每个节点，制定对应的各个应急预案、措施。

(5)健全工、机具管理制度。机具应保持经常完好，做到定人管理、物账吻合。若发现损耗、及时修理或申报办理报废领新。工班长每天向施工作业人员落实安全措的同时，确认防护用品、施工机具、材料的齐全完好。申请领料须正规、详细，并及时交有关部门审批，做好台账。

(6)严格执行上道前的点名制度。工班长在上道前点名时,针对当日施工特点、结合班前会内容,必须把每个作业点的技术要求、安全预想,传达到每个作业人员。学习标准,对照标准,执行标准。

(7)明确把关要求。一人指挥、分期负责,落实岗位。

(8)注重各环节、各工序之间的协调与衔接,预留充分的施工收尾时间。施工领导人及时掌握施工进程情况及机械设备运转情况,严密做好线路开通前的各项准备工作。

(9)巡养防是当天施工的最后一关。在与各工班(清筛、整交、机配等)交接验收时,严格把握安全质量关。对清筛工班:明确责任地段、清筛质量情况,轨面现状。如何养护有以下3点:

①对整交工班:须明确大型养路机械捣固、稳定、配砟情况及仍存在问题,如何保养、巡守;

②对换轨换枕的重点地段:应一切现状了如指掌于心中;

③加强重点保养;全面做好现场的轨面等有关情况的记录,叮嘱巡道工加强责任地段的巡守。

四、大修作业技术规定

(1)使用清筛机清筛道床,其清筛深度一般不少于300mm;使用大修列车更换轨枕,轨枕长度不得超过2600mm,枕端露筋不得长于5mm,换枕后轨枕间距误差不大于±10mm。

(2)作业时,清筛机枕下导槽应按1∶50的坡度向道床排水侧倾斜。

(3)清筛线路两侧的建筑物(包括埋设在道床中的固定物)至线路中心距离应不小于2100mm。

(4)在道砟质量不良或翻浆冒泥地段,可应用大型养路机械进行抛砟换道床作业;若线路翻浆严重,砂垫层功能散失,应合并进行换道床和垫砂作业。

(5)清筛机回填道砟要均匀,曲线外股要适当多配道砟。

(6)捣固车、动力稳定车作业的技术要求参照本单元学习项目二线路维修捣固作业的技术规定执行。配砟整形车配砟不能超出轨面,不能妨碍捣固车作业。

(7)对破底清筛或更换道砟施工作业,应采用多次捣固和稳定的方法,整细捣固应采用精确法严格按照线路大修设计技术资料进行作业,其他捣固作业可采用近似法。

(8)整细捣固顺坡率应符合《铁路线路修理规则》的规定。当作业终点有拨道量时均应输入拨道递减量,以便将线路拨顺,达到安全放行列车的要求。

(9)大型养路机械大修作业后的线路质量应达到铁路线路修理标准。

五、施工作业组织

1. 施工配置

(1)大型养路机械大修车间由大修列车、清筛机、捣固车、动力稳定车、配砟整形车等设备和一定数量的附属车辆组成。大修列车用于成段更换钢轨和轨枕作业。

(2)附属车辆的种类、编组及技术要求按照《大型养路机械附属车辆装备标准(试行)》执行。

(3)作业时,每台清筛机后面应有捣固车配合作业,并由捣固车、动力稳定车、配砟整形车等完成对清筛、换枕地段线路的恢复工作。

(4)各车基本作业人员为:大修列车26人;清筛机9人;捣固车5人;动力稳定车3人;

配砟整形车3人。实行轮休制的机组应相应增加足够的备班人员,并根据生产实际优化调整劳动组织。

(5)每个大修车间应设主任、副主任、机电工程师和线路工程师等人员。

2. 清筛或换砟作业

(1)作业前,利用封锁前的慢行时间,进行准备工作如下:

①作业前,详细调查施工地段,清除、拆移线路上影响施工作业的障碍物及设备,提前与有关单位联系施工配合事宜,并计算好需用石砟量,安排好卸砟车进行石砟的装载;

②在当日清筛施工的起点,开挖长度沿轨道方向1000mm、宽度比计划清筛宽度宽出300mm、深度等于计划清筛深度的导槽坑。导槽坑下方的道砟堆积角要小于30°;

③各台大型养路机械的操纵人员均应掌握当日作业地段的清筛深度、设计标高、线路平、纵断面几何尺寸的大修设计要求以及当日作业的其他要求。

(2)封锁命令下达后,大型养路机械大修机组连挂进入封锁区间,按施工计划解体并按要求分别就位。

(3)在确认邻线无来车时,连接清筛机导槽和挖掘链。

(4)清筛机开始作业,在初始清筛阶段不宜起道过高,以免线路形成高包。清筛机操作人员根据线路状态,不断调整挖掘梁相对枕底的位置,控制挖掘深度,发现道床内有异物或机械发生异常时,应及时停车处理。

(5)封锁时间结束前,清筛机首先停止作业,拆开挖掘链及导梁,收起各项装置锁定到位后向前行驶一段距离。

(6)清筛后由配砟整形车跟随进行道床配砟和整形作业,然后由捣固车对线路进行起道、拨道、捣固和枕端夯实,并设专人随车检查作业质量,发现问题及时处理。捣固后由动力稳定车跟进作业,在动力稳定装置的振动和静压力的共同作用下使线路道床均匀下沉并迅速稳定密实。捣固车、动力稳定车相继作业到清筛终点,并做好顺坡后驶向清筛机与其连挂,然后驶往指定车站。如果是换砟作业还需将风动卸砟车编挂在清筛机和配砟整形车中间,对清筛机作业完线路先进行均匀卸砟后再跟随配砟整形车、捣固车和稳定车进行相应作业。

(7)各车应注意相互间的联系,保持各车作业间隔距离不得少于10m。邻线来车时要加强防护,不得进行可能侵入邻线限界的作业。

(8)各配合单位按照与工务机械段签订的施工配合协议做好相关配合工作。

(9)施工完毕后,各车连挂成列,由施工负责人通过驻站联络员与车站联系,使大修机组尽快返回车站。

(10)施工负责人和验收方检查线路,确认已达到放行列车条件后开通线路,撤除停车防护信号,改为慢行信号防护。由人工方枕,找小坑,细拨道,矫直钢轨死弯,整正扣件,涂油,恢复被拆移的设备,刷新线路标记,回收旧料及其他大型机械不能做的项目。线路开通后巡养人员立即开始巡检线路,保证施工地段行车安全。

整个作业过程网络图举例如图4-2所示。

图4-2 清筛或换砟作业网络图

A-施工前调查和测量;B-施工前撤除障碍物;C-挖导槽坑;D-机械化清筛;E-风动卸砟车进行卸砟;F-配砟整形作业;G-捣固作业;H-稳定作业;I-备施工车辆编挂成列进入车站;J-开通线路;K-整理和巡养工作

3. 大修列车更换钢轨、轨枕作业

大修列车由轨枕运输车、辅助作业车、作业车、动力车、材料车和龙门吊车等组成。大修列车车组运行由机车牵引,作业时自行。为保证大修列车作业效率和连续性,龙门吊车要提前上班,并随时保证新、旧轨枕的运输,满足大修列车作业需要。更换下来的旧轨,可放置在线路两侧,也可放置在线路中心,由施工负责人根据需要确定旧轨放置位置。放置在线路中心的旧轨,两端应捆扎牢固。旧轨料应及时回收。对已换轨换枕的线路,由配砟整形车、捣固车立即进行线路整理作业,使线路尽快达到放行列车条件。

大修列车只进行换枕作业时,除不需要准备新钢轨外,其他要求同上,还需要准备长度为 6.25m 及以上的短轨 1 对;大修列车只进行换轨作业时,可不编挂轨枕运输车(包括龙门吊车),并且换枕机构停止工作。作业过程如下:

(1)作业前应预卸长钢轨,根据当天的作业量将新轨枕预先装在轨枕运输车上。

(2)大修列车作业前,利用封锁前的慢行时间,进行准备工作如下:

①将当天需要更换的长钢轨放置在轨端;清除影响大修列车作业的各种障碍物,包括石桩、防爬装置等;

②对当天作业地段按《铁路工务安全规则》的有关规定拆卸扣件;

③在作业起终点位置,分别扒出 8~10 孔道心的石砟。

(3)封锁命令下达后,大修列车机组连挂进入封锁区间,在到达当天作业地段前,地面作业人员应对作业地段轨枕扣件按"隔八留一"的要求拆除,待大修列车机组到达作业地段后,立即解体并按要求分别就位,同时拆除剩余扣件。首次作业时,在作业起点切开钢轨,然后使用接头夹板或快速夹具将钢轨联结。根据大修列车作业进度,适时确定作业终点并切开钢轨。

▶▶ 六、施工监护与配合工作

1. 工务机械段与工务段安全协议

(1)协议明确责任地段的划分:以施工地段前后 50m 为界。起始时间:自施工开始至工程验收交接时止。

(2)履行职责:工务段委派施工安全监督人员,全面掌握施工方案、工艺流程、作业标准,全方位、全过程履行施工行车安全检查、监督;对违章作业等危及行车安全的施工,有权停止作业;对检查发现的设备隐患,应发出安全整改通知书,限期整改。

(3)工务机械段在施工过程中,严格执行《铁路技术管理规程》、《大型养路机械使用管理规则》(铁运〔2006〕227号)、《铁路工务安全规则》、《关于加强营业线施工安全管理的规定》(铁办〔2001〕14号)等各项安全生产规定;按施工方案、施工工艺、作业流程,制定具有前瞻性、预见性、可操作性的安全防范条例和施工安全保障措施以及在出现非正常情况下的应急措施,确保施工安全。

2. 工务机械段与电务段安全协议

电务部门应积极配合施工,根据提供的计划,提前做好电缆探测。在钢轨腰部或枕木上标明过轨位置及电缆埋设深度。配合人员应在封锁前到达现场,配合施工。

工务机械段应向电务段提供大型养路机械营业线施工安全措施,配合电务人员进行过轨电缆全面探测和全过程开挖,暴露整个过轨电缆,按要求下落至轨枕下 500mm;对未落至规定深度的过轨电缆,严禁大型养路机械越过地下电缆处所。卸下的长轨,须与使用中的钢轨、箱线隔离,并于接触部分采取绝缘措施,不得损坏信号设备,确保既有设备良好使用。

3. 工务机械段与车务段安全协议

遵守铁路局月度施工计划,封锁时间的调整、变更应以调度命令为准,配合施工的路用车、轨道车、大型机械的开行计划于前一天向有关部门报告。双方加强联系,为施工车辆在站内停留、调车、开行创造有利条件。施工车辆在车站进行调车作业时,必须接受车站值班员统一指挥,调车作业计划由施工联络员提供作业要求及内容,由车站值班员编制并下达书面计划,调车作业时严格执行问路式调车作业制度及车辆防溜等有关调车作业规定。一切机车、车辆在站内停留时按规定采取防溜措施,未经车站值班员同意,不得擅自移动。一切机车、轨道车及动力设备要保证无线列调正常使用,昼夜有人值班;接到动车通知后,及时动车,同时,严格执行无线列调使用规定,不得对正常的车机联控产生干扰。在作业中严格执行联控作业标准。

学习项目六　特殊情况下的施工管理

▶▶ 一、夜间和暴风雨雪天气施工

良好和稳定的施工环境有利于保证施工安全、顺利地进行,有利于提高作业质量和工作效率。由于大型养路机械施工是在"天窗"时间内,即在线路封锁状态下进行的作业,这样难免会遇到某个区段只有夜间才有列车间隙时间进行线路封锁。因此,大型养路机械在夜间施工不可避免。另外,如果施工过程中遇到暴风雨雪等恶劣天气也会增加施工难度,给施工和配合人员带来一定的困难。为了保证大型养路机械保质、保量、保安全地完成作业,必须加强夜间和暴风雨雪天气的施工管理。

(1)夜间施工前,除按规定对大型养路机械各部件进行检查外,还应重点对照明车灯进行严格检查,施工人员要备好带齐手电筒、探照灯等。

(2)线路调查人员在夜间施工前,要将施工区段的桥梁、隧道、危岩、道口、小半径曲线等特殊地段的具体位置向施工负责人汇报清楚,同时要注明在施工作业命令单上,使所有人员心中有数。

(3)夜间施工时,除按规定要求工务段在两端设关门防护外,每台车前方100m要安排一名巡视员,以便发现磁头、计轴器、红外线探测仪等障碍物或其他紧急情况时及时通知机组人员采取措施。

(4)大型养路机械应在夜间施工前配备发电机和照明灯组,以便在紧急情况下进行应急照明。

(5)大型养路机械在施工运行、施工作业中突遇大风、暴雨、暴雪等瞭望困难或情况不明时,应立即停止施工和减速运行,并及时向车站通报情况。对未顺坡线路要通知工务人员对线路进行处理,协同工务人员商定列车放行条件,严禁盲目放行列车。

(6)汛期和夜间运行前,要严格按相关规定仔细检查各零部件,确保设备正常,严禁设备带病上道作业。

(7)汛期和夜间运行时,要严格按规定速度通行并不间断瞭望,确认信号,如信号显示不正确或不明确时均视为停车信号,立即停车,同时按车、机、工联控规定与车站或工务看(巡)守(呼叫点)人员呼叫应答。

(8)汛期中,大型养路机械施工人员要严格执行《铁路实施细则〈中华人民共和国防汛条例〉细则》(铁运〔2005〕182号),对施工地段的"洪水通过危险地段"、"防洪看守点"、"道口"及"重点病害施工点"等需做到心中有数。

(9)大型养路机械施工工作人员在施工和运行中,发现灾害、险情要及时用无线列调报告就近车站值班员。

二、大型养路机械跨局施工

为了顺应我国铁路现代化改革的步伐,大型养路机械逐渐呈现出规模化、集团化的发展趋势。在保证重点线路、高速线路的作业效能的基础上,统筹解决各铁路局施工作业供需缺口的矛盾,充分发挥和利用大型养路机械作业效能,从而能够进一步促进全路向着高速、重载和舒适化方向发展。因此,大型养路机械只在本局管内施工的传统将被打破,跨局施工将是大型养路机械发展的必然之路。

1. 施工计划管理

(1)设备管理局委托施工的铁路局(以下简称委托局)根据大型养路机械施工需要制定相应的实施细则,明确工务、供电、电务、运输、车辆等部门配合施工作业要求。

(2)为保证跨局施工的顺利实施,设备管理局向承担施工任务的大型养路机械段所属铁路局(以下简称承担局)工务机械段提供本局与大型养路机械施工有关的行车、施工、安全等规章制度,施工局工务机械段应据此制定和完善在设备管理局施工的各项措施和办法。

(3)设备管理局根据《铁路线路修理规则》的规定,结合本局线路的具体技术状态,制定线路大、维修计划,以满足铁路运输生产和安全工作的需要。

(4)为及时编制大型养路机械跨局施工计划,委托局应提前向承担局提出下一年度大型养路机械各项施工需求计划建议,内容包括:线别、行别、地段、施工作业项目、数量、施工作业日期、封闭天窗时间以及其他需要说明的相关事项。

(5)施工局根据设备管理局施工需求计划建议,结合自身年度计划安排,考虑既有机械施工能力,综合平衡施工时间段,进行总体施工年度安排后,会同设备管理局确定跨局施工作业最终年度实施计划。

(6)根据跨局施工作业年度实施计划,承担局机械段向委托局提报月度施工作业计划,具体提报时间、程序和要求按照设备管理局的有关规定执行。

(7)年、月度施工作业计划原则上不准变更,确需变更时,变更方要及时通知对方,以便提前商定解决办法。

(8)未纳入年度计划的临时跨局施工由设备管理局和施工局双方协商确定。

2. 施工组织管理

(1)月度施工计划确定后,在施工作业前15d。施工前由委托局主管领导主持召集局内有关业务处室和施工配合单位、施工局工务机械段,召开施工协调会议,确定具体施工计划、作业方案和行车组织方案及重点安全注意事项,明确相关配合单位的安全责任和配合任务,决定事项以会议纪要形式发布。

(2)设备管理局根据《铁路营业线施工及安全管理办法》(铁运〔2012〕280号)的规定为施工提供足够的天窗时间,并保证天窗兑现率。施工局工务机械段要优化施工组织管理,充分利用天窗时间,保证天窗利用率。

(3)按照批准的施工计划和方案,由设备管理局负责协调承担局机械段与管内有关施工配合单位签订配合协议。

（4）首日开工前委托局负责现场协调工作。开工前一日召开施工预备会，每日施工结束后召开现场总结会后召开当日现场协调会，总结当日工作，协调次日施工事项。

（5）由承担局承担的机械作业项目应由承担局机械段负责组织实施，其他由委托局承担的项目，委托局应做好组织实施或配合工作。

（6）设备管理局对施工局机械段车间停靠车站提供便利，无偿提供停留股道，协助解决燃油就近供给及接水、接电、通信联络等生产、生活问题。

（7）设备管理局应在施工点、机械返回驻地运行、转场衔接、施工配合等方面给施工局机械段创造条件。

三、机械运行管理

（1）进入设备管理局施工的大型养路机械按照《铁路货物运价规则》（铁运〔2005〕46号）的有关规定，由机车牵引挂运时，不核收运输费用。

（2）原则上，大型养路机械由施工局运行进入设备管理局由施工局发电报，从设备管理局运行返回施工局由设备管理局发电报。电报主送双方有关部门和单位，抄送原铁道部运输局。

（3）在设备管理局施工转移工地时，由设备管理局根据施工局机械段的请求，及时安排运行计划。

（4）大型养路机械运行应严格执行《铁路技术管理规程》、《大型养路机械使用管理规则》、各铁路局设备管理局《行车组织规则》等有关规定。如各铁路局设备管理局《行车组织规则》未规定大型养路机械车组运行办法，由设备管理局会同施工局协商制定具体运行办法发布执行。

（5）大型养路机械自轮在设备管理局管内运行时，设备管理局向施工局机械段提供有关区段列车运行监控记录装置录入数据、无线列调频率、列车信号制式等与行车有关的技术资料，同时设备管理局负责安排相应区段轨道车驾驶员带道。

（6）施工局机械段附属车辆在设备管理局管内运行的技术检查由设备管理局负责。

四、安全管理

（1）进入设备管理局的大型养路机械要有运输局核发的年检合格证。

（2）施工局工务机械段、设备管理局施工配合单位要根据具体施工项目、区段、时间、季节情况细化安全措施，确保安全。

（3）施工作业封锁天窗的安排和线路开通速度，应执行《铁路工务安全规则》的有关规定。

（4）施工局工务机械段负责大型养路机械及附属车辆的挂运、调车、运行、施工作业、防火、防溜、驻地停留以及本单位设备、人身等安全，设备管理局对机械驻地的安全保卫提供协助。施工过程中因机械故障或操作不当等原因造成的安全事故由施工局机械段负责。

（5）大型养路机械的安全防护由施工局机械段设置，现场两端防护，维修施工作业时由委托局负责，大修施工作业时由承担局机械段负责。

（6）设备管理局负责施工中配合单位作业的各项安全工作和责任。

五、施工质量标准及管理

（1）施工作业地段的现场条件要满足机械施工作业的要求。为保证施工质量和效率，设备管理局要根据机械施工的要求提前准备,并将有关施工测设资料提交施工局机械段。现场条件不具备不能施工。

(2)施工局机械段要严格执行操作规程,加强机械检修和保养,保证机械技术状态良好,提高施工质量。

(3)施工作业中,承担局机械段要进行质量自检,发现问题及时处理。保证施工机械成组配套,机组施工项目齐全,单机各功能有效,施工程序符合规定要求。

(4)委托局应派出质量检查监督人员,每日跟随机械检查施工质量,发现质量问题及时通知机组人员立即返工。

(5)施工中,由委托局和承担局机械段采用轨道检查仪或利用大型养路机械轨道测量记录仪共同对施工线路进行检查,确认线路质量达到验收标准后,办理验收交接手续,填写《大型养路机械施工验收单》。

(6)施工质量验收标准应执行《铁路线路修理规则》等有关规定。

学习项目七　综合维修施工组织案例

施工组织案例

拉萨到格尔木段

根据公司2011年度机械化作业维修计划安排,大型养路机械综合维修作业计划从2011年3月15日开始至2011年8月25日结束,作业区段从K1425+000～K1956+547的正线线路和沿线车站股道。每小时作业0.8～1.1km,每天作业4～5km。3月15日从拉萨站往格尔木方向作业,为了在有限的时间内安全、优质、高效完成任务,现编制施工组织如下:

一、施工计划

按照公司维修任务、安排月度计划,经青藏铁路公司批复后下达各相关单位。要求各线路维修车间、机械化项目部,严格按施工方案、月度计划、施工组织设计的安排,精心组织施工,在确保安全、质量的前提下全面完成生产任务。

二、施工组织

1. 施工指挥机构

施工领导小组:

组长:公司副总经理

组员:安全质量监察部、工程管理部、物资设备部、经营计划部、机械化项目部、责任车间

2. 作业项目

(1)现场总负责人负责对作业所需人员、机具进行调配,检查当日作业情况,对工作进度及计划等做总体安排。

(2)现场调度负责收集各方面情况,协助现场总负责人做好人员和机具的调配,组织召开工作分析总结和次日工作安排会,提前对后续施工作业计划进行上报。

(3)责任车间提前(施工计划前7～10日)调查管内线路情况(电务、车辆部门设备位置、

轨距杆方正、钢轨硬弯、接头错牙、匀砟数量、有砟桥道床厚度、需清筛地段、调高垫板、螺栓扭矩、轨枕偏斜和失效、零配件缺失、轨距及顺坡、接头瞎缝和大轨缝、曲线设计长度、正矢、点数及现场超高、重点起拨道处所以及其他问题），为现场总负责人安排工作提供翔实依据，确保大型养路机械捣固过程不中断。

（4）画撬组在作业前对线路进行画撬，提供起、拨道量并标记。

（5）撤（装）胶垫组在大型养路机械作业前对轨底调高垫板进行撤除，该组作业进度必须要满足大型养路机械当日作业进度要求。

（6）机后验收组由格尔木工务段、安全质量监察部、机械化项目部、责任车间相关人员组成，负责大型养路机械作业后线路几何尺寸（重点是曲线正矢、轨向、三角坑、高低）的验收，根据验收情况及时向捣固车反馈不良情况，及时返工达标。

（7）外观整治组负责捣固车后的镐窝道砟回填，确保捣固作业后的线路全部由稳定车进行稳定及稳定车作业后的线路外观恢复。

（8）机械化项目部负责施工天窗内现场安全防护工作。

三、施工方式

（1）采用捣固车起道、拨道和捣固作业、稳定车稳定相结合的方式施工；机械化项目部组织人员（调用各车间2名业务骨干，共8名）进行机前拆除调高垫板、更换失效基本胶垫、复紧扣压力、扭矩力、整改轨距、机后镐窝道砟回填；配合脱杆工作由责任车间提前3日书面通知电务、车辆部门。

（2）施工条件。施工过程全部纳入天窗内进行，封锁施工以青藏铁路公司行车调度下达的施工命令封开时间为准，封锁前2h开始进行调高垫板的拆除，同时对作业区段申请限速（第一列25km/h、第二列45km/h、其后60km/h慢行放行列车），施工完毕后恢复常速开通线路。

（3）年度计划由公司领导及相关部室安排，相关部室根据年度计划安排月完成量，机械化项目部同相关车间沟通根据月度完成量合理安排每日的施工计划（安排计划时考虑可能停工天数）并及时上报公司相关部室（遇特殊情况需要变更计划，必须说明原因及顺延时间）。

（4）工程管理部组织人员对直线段进行定向，指导捣固车激光拨道，激光发射器安置点每300m设1处（或提供精确拨道量，每5m提供1个），激光发射器安置点必须选择在精确测量点上，确保线路中心位置准确，在测量时应注意线路变坡点，考虑激光能否通视，若遇到不能拆除或移动的设备时要提前做好顺坡。

（5）捣固作业后必须立即回填镐窝，枕盒内道砟饱满密实，确保捣固作业后的线路全部由稳定车天窗内进行稳定，提高线路设备质量储备期。

（6）大型养路机械作业后，由车间组织人员2日内恢复线路外观。

（7）施工过程中或邻近天窗结束时遇到紧急情况或无法按时开通线路时，由现场总负责人组织、指定人员进行抢修及时，顺坡恢复线路，放行列车条件由安全质量监察部现场人员确认并记录。

四、部门分工

1. 安全质量监察部

负责制定大型养路机械作业安全管理办法、大型养路机械作业各项考核办法并上报相关单位审批。安全质量监察部与施工劳务队签订安全施工协议,以记名式传达到所有参加施工人员。组织全员培训大型养路机械作业各项安全知识并考试,考试合格后持证上岗。安全质量监察部负责与青藏铁路公司车辆、电务、机务、车务、拉萨站、那曲站签订安全责任协议。

2. 工程管理部

负责提报和跟踪大型养路机械作业前补砟事宜。负责制定大型线路捣固机施工组织方案,并上报相关单位及时批复。对责任车间报送机械化项目部的技术资料进行复核,对作业前、后的资料进行对比,并解决责任车间大型养路机械作业前提出的各种技术问题,提供正确的线路设备技术数据(尤其是超高设置参数)给车间和机械化项目部。负责特殊情况下大型养路机械施工计划变更的申报,配合机械化项目部做好大型养路机械转场事宜的申请。

3. 物资设备部

提前调查责任车间线路维修(大机维修作业)所需材料和通信设备,合理调配确保施工作业需要;做好在夜间作业各种物资、照明设备的储备。并根据要求按照适当的比例进行储备、及时补充。

4. 经营计划部

对大型养路机械作业进行单价分析,核算出机前、机后、单项费用,并与机械化项目部、责任车间、劳务人员签订相关合同。并根据安全质量监察部的考核通报,核算劳务人员薪酬。

5. 机械化项目部

修订大型养路机械操作规程,建立配套考核机制。细化大型养路机械施工作业安全技术组织措施,包括大型养路机械非正常情况下的处理预案,并细化高温季节作业时防胀保安全措施,各种安全保障措施必须以记名式传达到所有参加施工人员,职工、劳务工经考试合格后持证上岗。驻站联络员、随车防护人员必须由经考试合格、业务熟练、责任心强的职工担任。

(1)作业前对大型养路机械性能进行全面的试机工作,确保大型养路机械作业时运行正常、各种功能正常发挥,认真保养大型养路机械设备,确保机械化正常作业。捣固车捣固镐数量齐全,镐掌磨损程度应小于原有尺寸的20%,重点检查镐头,其高度不得小于56mm,磨损超限时应立即更换。储备易消耗的零配件,确保大型养路机械正常作业。

(2)大型养路机械作业前组织人员对调高垫板和基本胶垫进行拆装,接头处回垫7mm基本垫,拆除胶垫后对影响线路轨距变化地段,进行轨距整治,并复拧扣压力。指派防护员做好施工区段的防护工作,确保行车和人身安全。

6. 责任车间

组织业务骨干配合机械化项目部工作。对需要车辆、电务、机务、车务配合施工处所车间要提前3d以书面形式通知相关单位。

根据计划起道量确定补砟量并提报计划,做好匀、补砟工作,大型养路机械施工前必须补充完毕。对有砟桥道床厚度进行测量,小于15cm要建立台账(有条件时及时补砟,条件不足时严禁捣固),对有必要进行清筛的地段安排清筛。调查胶垫超垫具体情况并准确记录,方正接头6根轨枕和严重偏斜轨枕、更换失效轨枕、补充更换失效零配件、改道调整轨距、整治钢轨错牙、钢轨硬弯、复拧扣压等。

月度施工计划格式如表4-1所示;行车设备施工登记簿格式如表4-2所示;普速铁路各项施工作业放行列车条件如表4-3所示。

表 4-1

月度施工计划格式

编号	施工等级	线路	行别	施工项目	施工日期	施工地点	封锁时间	施工内容及影响范围	限速及行车方式变化	设备变化	运输组织	施工单位及负责人	备注
						区间及起止里程	封锁起止时间（封锁时间分钟）	施工内容及影响范围	限速要求行车方式	线路数据变化 站场线路、道岔、径路变化 信号机位置及显示变化 接触网信号标志位置变化 其他变化		主体施工单位（职务）（姓名）施工单位（职务）（姓名）	

表 4-2
运统—46(施工)

行车设备施工登记簿格式

	请求施工（慢行及封锁）登记		承 认 施 工		施工后开通检查确认、销记		施 工 开 通	备注
施工项目	影响使用范围（需要的慢行或封锁条件） 2. 施工负责人签名 3. 设备单位检查人签名 4. 车站值班员签名	月日时分	1. 命令号及发令时间 2. 慢行及封锁起止时间 3. 车站值班员签名 4. 施工负责人签名	所需时分	1. 恢复使用范围和条件（开通后恢复常速确认） 2. 施工负责人签名 3. 设备单位检查人签名 4. 车站值班员签名	月日时分	1. 开通（恢复常速）命令号及开通时间 2. 施工负责人签名 3. 设备单位检查人签名 4. 车站值班员签名	
本月施工编号								

表 4-3

普速铁路各项施工作业放行列车条件

分 项	项 目	施工条件	作业方式	放行列车条件
一、影响道床路基稳定的施工作业	1. 破底清筛 2. 更换道床石砟 3. 成段更换轨枕(板) 4. 成组更换道岔 5. 基床换填 6. 一次起道量或拨道量超过40mm的成段起道或拨道 7. 利用小型爆破开挖侧沟或基坑(限于影响路基稳定范围)	封锁施工	大型养路机械捣固、稳定车作业	1. 两捣一稳作业后,开通后第一列35km/h,第二列45km/h,第三列起限速60km/h,自第三列起限速60km/h,至次日捣固后限速120km/h,第二捣固后限速80km/h,自第三日捣固后第一列限速80km/h,至第四日捣固后第一列恢复常速。 2. 三捣两稳作业后,开通后第一列45km/h,第二列60km/h,第三列起限速80km/h,自第三日捣固后第一列限速120km/h,至第四日捣固后第一列恢复常速。 道岔施工直向,侧向按此标准分别放行列车速度 未达到上述捣、稳遍数的,应相应降低列车放行速度
			小型养路机械捣固	开通后第一列35km/h,第二列45km/h,以后限速60km/h,不少于4h,至次日捣固后第一列限速80km/h,至第三日捣固后第一列限速120km/h,第二列起恢复常速
			人工捣固	1. 施工期间当日第一列15km/h,第二列25km/h,第三列25km/h,第三列45km/h,第三列45km/h,不少于4h,不少于4小时,以后按60km/h,80km/h,120km/h各不少于24小时捣固后阶梯提速,其后正常。 2. 施工结束,开通后第一列25km/h以后限速60km/h至下次封锁前。

分 项	项 目	施工条件	作业方式	放行列车条件
二、不影响道床路基稳定的施工作业	1. 成段更换钢轨 2. 无缝线路应力放散 3. 成段调整轨缝,拆开接头并捅入短轨头 4. 成段修整轨底坡	封锁施工		开通后第一列45km/h,第二列60km/h,第三列120km/h,其后恢复常速
	1. 使用冻害垫板一次总厚度超过40mm 2. 长大隧道宽枕机床拆 3. 道口大修(若影响道床稳定,比照前一大项办理)	封锁施工		开通后第一列35km/h,第二列45km/h,第三列60km/h,其后恢复常速
	隧道整体道床翻修	封锁施工		施工期间速度不超过25km/h,施工结束后第一列45km/h,第二列60km/h,其后恢复常速

练习题

1. 线路设备大修分哪些类型?
2. 施工作业的方式有哪些?
3. 什么是网络图？有哪些要素?
4. 线路综合维修的意义是什么?
5. 实际生产中，维修车组组合要考虑哪些因素?
6. 线路大修的基本任务是什么?
7. 清筛作业的方法是什么?

单元五

设备管理

【知识目标】
1. 熟悉设备管理的意义和任务；
2. 掌握设备综合管理的基本要求；
3. 掌握设备综合管理的部门及作用；
4. 掌握设备使用管理的一般要求；
5. 掌握设备检修保养的目的与作用；
6. 熟悉大型养路机械典型设备的重点检修、保养的部位及标准。

【能力目标】
1. 说明设备管理的意义、任务和基本要求；
2. 会针对一种以上的设备制定设备综合管理的基本要求；
3. 掌握两种以上的设备使用管理要求。

学习项目一　设备管理概述

设备是人们在生产或生活上所需的机械、装置和设施等，可供长期使用，并在使用中基本保持原有实物形态的物质资料，是固定资产的主要组成部分。

国外设备工程学把设备定义为"有形固定资产的总称"，它把一切列入固定资产的劳动资料，如土地、建筑物（厂房、仓库等）、构筑物（水池、码头、围墙、道路等）、机器（工作机械、运输机械等）、装置（容器、蒸馏塔、热交换器等）以及车辆、船舶、工具（工夹具、测试仪器等）等都包含在其中。在我国，只把直接或间接参与改变劳动对象的形态和性质的物质资料看作是设备。

设备管理就是对企业的设备运动的全过程进行计划、组织和控制。"全过程"即从选购设备，投入生产领域以及在生产领域内使用维护、磨损及其补偿，直至报废退出生产领域为止的过程。其中存在着两种运动形态：一是设备的物质运动形态；二是设备的价值运动形态。设备管理包括对设备为两种运动形态的管理，即设备的技术管理和设备的经济管理。

一、设备管理的意义和任务

1. 设备管理的意义

机器设备是企业生产的物质技术基础，是企业生产性固定资产的重要组成部分。设备管理也是企业管理的一个重要领域，设备管理的好坏，直接影响企业的生产效率和经济效益。

加强设备管理能够保证企业生产的正常秩序，有利于企业取得良好的经济效益，能够促进企业生产手段化。

2. 设备管理的任务

企业设备管理的任务，就是要保证为企业提供最优的技术设备，使企业的生产活动建立在最佳的物质技术基础上。

（1）根据技术上先进、经济上合理、生产上可行的原则，正确地选购设备，为企业提供优良的技术设备。

（2）在力求节约保养、维修费用的条件下，保证设备经常处于最佳的技术状态，不断提高设备利用率和完好率，降低设备管理各环节的费用。

（3）围绕提高经济效益，并针对企业的产品开发，质量改进以及安全生产，节约能源，改善环保等要求，有步骤地进行设备的改装、改进和更新，为企业提供先进适用的技术装备，保证企业的技术进步，提高设备的现代化水平。

（4）设备维修的发展。传统的设备管理，以设备维修为主要内容。它反映出传统设备管理的局限性：它把设备的设计、制造与使用截然分开，只注重对设备的使用进行管理，而忽视了设备的经济管理；它强调设备在企业内部的管理，而忽视了设备管理中与企业外部的联系。

二、设备的综合管理

由于传统的设备管理存在着以上局限性，不能适应现代化生产的发展，在设备管理领域，相继出现了设备综合工程学和全民生产维修制度，它们具有的共同特点，就是对设备进行全面的综合性管理。

1. 设备综合工程学

设备综合工程学是在设备维修的基础上,针对使用现代化设备所带来的一系列新问题,继承了设备工程的成果,吸取了现代管理理论,而逐渐发展起来的一门新学科。设备综合工程学的主要内容如下:

(1)以寿命周期费用作为评价设备管理的重要经济指标,追求寿命周期费用最经济,到设备的综合效率最高。

(2)把与设备有关的工程技术、财务经济和组织措施3个方面结合起来进行综合管理。

(3)重点研究设备的可靠性、维修性,目标是搞好设备的维修设计。

(4)把设备的一生作为研究和管理的对象,即对设备实行全过程管理。

(5)强调关于设计、使用效果及费用信息反馈在设备管理中的重要性,要求建立相应的信息交流和反馈系统。

2. 全员生产维修

全员生产维修制度是日本在吸收欧美最新研究成果的基础上,结合自己的管理经验创造的,富有特色的设备管理制度,内容包括:

(1)以全效率、全系统、全体人员(简称三全)为指导思想的全面覆盖、无例外、无盲点,企业上下共同参与实施为特征的维修方式。

(2)设备维修方式:完全吸取了预防维修制度中的所有维修方式。

(3)设备的分类管理:对企业的设备划分等级,以便区别对待,对重点设备加强管理。

(4)生产维修目标管理:主要是确定设备维修工作的方向和具体目标,并衡量工作效果和分析总结经验。

(5)在企业职工中进行工作作风教育,开展"五S"教育活动,即整顿、整理、清洁、清扫、素养。

3. 设备综合管理的特点

设备管理除了具有一般管理的共同特征外,与企业的其他专业管理比较,还有以下一些特点:

(1)技术性。作为企业的主要生产手段,设备是物化了的科学技术,是现代科技的物质载体。因此,设备管理必然具有很强的技术性。首先,设备管理包含了机械、电子、液压、光学、计算机等许多方面的科学技术知识,缺乏这些知识就无法合理地设计制造或选购设备;其次,正确地使用、维修这些设备,还需掌握状态监测和诊断技术、可靠性工程、摩擦磨损理论、表面工程、修复技术等专业知识。可见,设备管理需要工程技术作为基础,不懂技术就无法搞好设备管理工作。

(2)综合性。设备管理的综合性表现在:

①现代设备包含了多种专门技术知识,是多门科学技术的综合应用。

②设备管理的内容是工程技术、经济财务、组织管理三者的综合。

③为了获得设备的最佳经济效益,必须实行全过程管理,它是对设备一生各阶段管理的综合。

④设备管理涉及物资准备、设计制造、计划调度、劳动组织、质量控制、经济核算等许多方面的业务,汇集了企业多项专业管理的内容。

(3)随机性。许多设备故障具有随机性,使得设备维修及其管理也带有随机性质。为了减少突发故障给企业生产经营带来的损失和干扰,设备管理必须具备应付突发故障、承担意外突击任务的应变能力。这就要求设备管理部门信息渠道畅通,器材准备充分,组织严密,指挥灵活;人员作风过硬,业务技术精通;能够随时为现场提供服务,为生产排忧解难。

(4)全员性。现代企业管理强调应用行为科学调动广大职工参加管理的积极性,实行以人为中心的管理。设备管理的综合性更加迫切需要全员参与,只有建立从第一管理者到第一线工人都参加的企业全员设备管理体系,实行专业管理与群众管理相结合,才能真正搞好设备管理工作。

学习项目二　大型养路机械管理机构

大型养路机械实行铁路总公司、铁路局、工务机械段(大型养路机械运用检修段)三级管理,各级都有主要领导分管大型养路机械工作,设置相应的管理部门,配备专门的管理人员。

大型养路机械管理部门负责(参与)制定大型养路机械发展规划,对大型养路机械的选型、购置、国产化、调试、验收、使用、保养、检修、更新改造、报废等环节实行技术管理。

一、铁路总公司运输局工务部

铁路总公司运输局工务部为全路大型养路机械的主管部门,其管理职责如下:

(1)贯彻执行国家有关设备管理的方针、政策和法规,制定全路大型养路机械的发展规划和管理的规章制度。

(2)监督、检查和组织协调全路大型养路机械使用、管理工作。

(3)负责大型养路机械年检合格证的审核、发放。

(4)掌握全路大型养路机械的数量、技术状况及使用情况。

(5)组织交流和推广大型养路机械管理的先进经验和维修新技术,制定全路大型养路机械技术培训计划。

(6)组织全路大型养路机械设备大检查工作。

(7)组织大型养路机械国产化工作,指导大型养路机械的验收工作。

(8)负责大型养路机械的选型、采购、分配、调拨和报废工作。

(9)汇总全路大型养路机械使用、管理的有关报表。

(10)负责大型养路机械特大事故的处理工作。

二、铁路局工务处

铁路局工务处是铁路局大型养路机械的主管部门,其管理职责如下:

(1)贯彻执行上级下达的有关设备管理的方针、政策和规章制度,制定和落实本局大型养路机械管理的规定和办法。

(2)掌握全局大型养路机械的数量、技术状况、使用动态、安全情况和主要技术经济指标完成情况,按时呈报大型养路机械使用、管理的有关报表。

(3)制定本局大型养路机械发展规划和装备方案,并负责其选型、采购、技术鉴定和验收工作;参与全路大型养路机械选型、采购、技术鉴定和验收工作;负责大型养路机械设备配套费、进口环节附加费、基地建设费的落实。

(4)监督、检查、指导本局大型养路机械的使用、管理工作;组织大型养路机械的质量鉴定;总结、交流、推广先进经验。

(5)审核大型养路机械更新改造和大修计划,负责组织大型养路机械大修后验收工作。

(6)推广应用新技术、新材料、新工艺、新设备,开展大型养路机械科技信息和学术交流活动。

(7)负责提出大型养路机械的调拨和报废申请。

(8)掌握全局大型养路机械事故情况,负责机械设备重大、大事故的调查、分析和处理工作。

(9)指导全局大型养路机械的配件管理工作。

(10)组织大型养路机械有关人员的技术业务培训,负责每年的大型养路机械检查鉴定和合格证申请工作。

▶▶ 三、工务机械段(大型养路机械运用检修段)

大型养路机械运用检修段(以下简称工务机械段),是大型养路机械运用管理工作的实施部门,设机械设备科对大型养路机械进行系统管理,其管理职责如下:

(1)贯彻、执行上级有关设备使用、管理的方针、政策、规章制度和规定、办法,并制定实施细则。

(2)机械设备科是大型养路机械管理的职能部门,肩负着机械设备的验收、调拨、运用、维修保养、登记、检查、考核等工作。

(3)掌握设备运转、保养情况,合理编制设备各项检修、保养及更新改造计划,开展修旧利废及成本核算工作,采用"四新"(新技术、新工艺、新材料、新设备)技术和科学的维修方式,提高设备的使用率和完好率。

(4)根据作业需要,合理配置机组,挖掘机械潜力,提高机械利用率,确保按时完成大型养路机械作业计划和各项经济技术指标。

(5)掌握大型养路机械的数量、技术状态和运用安全情况,做好统计、分析工作,按时填报有关报表。

(6)制定大型养路机械的操作和保养规程,编制检修工艺,解决技术上的疑难问题。

(7)制定设备管理考核措施及实施办法,全面落实领导负责制、逐级负责制、岗位负责制、专业负责制,对直接影响生产的重点设备,要指定专人管理,随时摸清设备故障的原因和现象并加以认真检查、分析、处理。

(8)负责大型养路机械配件及各类油脂、油料的管理工作。加强设备消耗材料的管理,特别是零配件及燃料的使用情况,要定期对单机进行成本核算。

(9)掌握大型养路机械事故和故障情况,呈报有关报告,参加大型养路机械事故的调查、分析、处理工作。坚决执行设备事故"四不放过"的原则。

①事故原因未查清楚不放过;

②事故责任者和周围群众未受到教育不放过;

③未制定防止事故的整改措施不放过;

④事故责任者未受到处理不放过。

对设备故障或事故要制定出整改及防范措施;对违章操作行为和现象要及时进行制止和纠正;对违章造成设备事故或故障者将严厉考核;对工作不力、责任心差、麻痹大意、管理不到位者严肃处理。

(10)负责大型养路机械检修后的自验工作。

(11)建立良好的考核激励机制,积极开展红旗设备评比活动,按时进行设备大检查和设备鉴定工作,加强对操作人员业务技能和工作业绩的考核,开展技术交流,推广先进经验,表彰安全、技能标兵。

(12)负责大型养路机械管理、运用和维修人员的技术业务培训、大型养路机械操作证的发放、年审及技术交流工作。

▶▶ 四、车间

车间负责大型养路机械的日常管理,其管理职责如下:

(1)贯彻执行上级对大型养路机械管理的方针、政策、规章制度和有关规定,对所属的大型养路机械进行日常管理。

(2)掌握车间大型养路机械数量、技术状况、动态变化和安全使用情况,做好统计分析工作,并及时准确填报设备报表。

(3)负责安排车间属大型养路机械每日施工任务,合理安排大型养路机械的使用和日常维修时间。

(4)负责车间属大型养路机械配件库的管理工作,做好大型养路机械配件的申领、发放工作,并做好相关的台账和记录。

(5)负责协调和组织大型养路机械故障现场处理工作,参与设备事故和故障的调查处理,及时上报段设备科和有关部门。

(6)按时提报大型养路机械设备检修计划建议,积极参与大型养路机械年检计划的调查和编制工作。

(7)根据设备科的年检计划要求,组织实施大型养路机械的年检和自验工作。

(8)负责定期检查大型养路机械设备保养情况。

(9)积极配合设备科有关新设备、新开发部件的试验和验收工作。

▶▶ 五、大型养路机械班组

大型养路机械班组负责大型养路机械的现场管理,班组是直接操纵或使用大型养路机械的生产单位,正确使用设备是保证设备正常运行,避免设备的不正常磨损或损坏,防止人身、设备事故的发生,延长设备的使用寿命和大修周期,降低备件消耗,减少维修费用,确保生产正常进行的关键之一。其管理职责如下:

(1)认真执行上级部门各项管理制度和办法。

(2)根据段和车间的施工计划,负责布置各机组的施工生产任务和作业要求。

(3)负责各机组操作人员当日的作业岗位和任务安排,指挥各机组施工区间摘挂和现场的施工作业。

(4)组织处理大型养路机械的现场故障,并及时向车间汇报处理情况。

(5)严格按照设备操作程序及防护要求组织施工作业,坚持一日标准化作业制度;操作人员要爱护设备,认真做好设备的日常保养和定期保养,严禁设备超负荷或带病运转。

(6)加强大型养路机械业务知识的学习,不断提高操作人员的业务技能,定期组织开展岗位技术练兵比武活动,培养操作人员故障排除、检修处理的能力。

(7)操作人员要取得大型养路机械的驾驶及操作资格,努力提高使用机械动力设备"三好"(用好、管好、修好)、"四会"(会操作、会检查、会保养、会排除一般故障)的水平。

(8)认真填写"大型养路机械运转记录",按保养要求,及时将设备技术状态和运用情况报主管部门,以便合理安排定期保养时间。

(9)加强班组成本核算,严格控制日常消耗材料的使用管理,积极开展"修旧利废,增产节约"活动,杜绝一切不必要的浪费。

(10)班组要建立内部考核分配制度,责任到人,严格考核,因违章操作或工作责任心不强造成设备故障和材料浪费并影响施工作业者,将追究其经济责任。

(11)按照设备科的大型养路机械年检计划,负责落实各机组年检工作。

(12)向车间反映大型养路机械设备的状态和检修计划要求,并积极参与车间组织的设备状态调查工作。

(13)积极配合设备科安排的有关新设备、新部件的试验和验收工作。

学习项目三　使用管理

一、基础管理

(1)各级大型养路机械管理部门负责大型养路机械的接运、安装、调试、验收等工作。大型养路机械在质保期内使用,发现问题要及时会同有关部门办理索赔。

(2)大型养路机械的到货验收工作由铁路局组织工务机械段会同有关方面进行。验收合格后,全部验收记录和技术文件(包括说明书、合格证、开箱单及其他技术资料等)由工务机械段建档保管。

(3)工务机械段负责大型养路机械单台"设备履历簿"和"机械动力设备台账"的记录和管理,做到账、卡、物相符,并按《铁道部机械动力设备分类代码》的规定进行设备编号。

(4)大型养路机械的封存和启封须报铁路局批准。封存、启封、出租、调拨、报废等事宜执行铁路机械动力设备管理的有关规定。

(5)为保持大型养路机械良好的技术状况,提高运用效能,铁路局负责合理安排大型养路机械及其总成的大修、改造、更新及运用费用。

二、使用管理

正确使用设备是保证设备正常运行,避免设备的不正常磨损或损坏,防止人身、设备事故的发生,延长设备的使用寿命和大修周期,降低备件消耗,减少维修费用,确保生产正常进行的关键之一。因此,设备使用单位和生产操作者,必须严格按照设备操作规程,正确使用设备。

(1)各设备使用部门严格按照工务机械段规定要求,加强对本部门设备的管理,认真抓好各设备使用前、使用中和使用后的管理,将工作做细、做扎实。

(2)工务机械段设备科帮助和指导各使用单位制定和完善各种设备的操作规程,使之达到合理、规范的要求。平时要多深入到基层督察制度执行情况,对违反设备操作规程的现象应及时给予纠正,并提出批评,情节严重者严肃处理。

(3)大型养路机械司机必须严格贯彻执行设备操作规程,发挥其应有作用,保障人身和设备运行安全,具体要求如下:

①车间主任或设备技术员组织全车间职工学习贯彻执行设备操作规程,考核合格率应

达100%。

②车间管理人员定期地检查操作规程执行情况,发现有违章操作现象,及时制止并列入车间对班组或岗位的考核。

(4)使用大型养路机械必须执行"二定"(定人、定号位)和持证上岗制度。操作人员必须通过技术培训,按《国家职业标准—大型线路机械司机》(劳社厅发〔2003〕11号)的规定,经考试合格,取得国家职业资格,并获得"大型线路机械操作证"。驾驶人员应按铁路总公司有关规定取得大型养路机械驾驶证。

(5)长期夜间施工作业的工务机械段,逐步推行双班制,实行机组人员轮换工作。

(6)机组人员按照铁路机械动力设备管理规定的"三好"、"四会"要求使用大型养路机械,禁止超负荷和带病运转。

(7)岗位操作人员认真填写"大型养路机械运转记录",详细记录大型养路机械的技术状态和运用情况,具体要求如下:

①设备在投入运行前,必须记录好相应的各种参数。

②设备使用过程中,运行的设备在负荷、温度诸因素的长时间作用下,机械零部件会磨损变形;电气元件的参数变化,会引起设备运行参数的改变,岗位操作人员应及时记录下这些参数,可以准确地掌握设备运行规律,以便对该设备及时进行维护检修,避免设备事故的发生。

③设备在运转中出现不正常现象,必须随时记录,记录的数据要准确、清楚、完整。

④设备运转记录的内容,应反映设备的实际运行技术状态。需记录的内容有以下3个方面:

a.设备在运转过程中发生异常现象,如运转不平稳,出现异响,检测装置显示数据不正常,局部升温超过规定;零部件不正常磨损、变形,出现轴向窜动,异常气味、冒烟等情况。

b.设备润滑参数,如集中润滑油的压力、流量、温度及油脂质量变化,管路的泄漏和堵塞等异常情况。

c.设备发生事故或故障的全过程(包括时间、现象、原因、特征和后果),发生前有异常迹象等。

⑤车间每月定期发放和收集运转记录,并负责整理归档上报设备科,具体要求如下:

a.设备科在发现有不按规定填写运转记录者,给予经济处罚。

b.设备科经常深入车间检查运转记录填写情况。

(8)对发生故障的大型养路机械,在故障处理以后,由处理人员及时填写《大型养路机械故障及处理情况记录》,由车间按时填写《大型养路机械故障及处理情况月报》,如表5-1所示,并报工务机械段设备科。

大型养路机械故障及处理情况月报　　　　表5-1

顺号	日期	机械名称	车号	故障现象及原因	处理情况

单位:　　　　负责人:　　　　填表人:　　　　年　月　日

(9)工务机械段认真做好"大型养路机械使用综合月(年)报"的统计工作,如表5-2所示。铁路局和工务机械段要做好对"大型养路机械运用统计季(年)报",的汇总工作,如表5-3所示并按时报送。

表 5-2

大中型养路机械使用综合月(年)报

项目 机械类别	作业项目	完成作业数量 (km)	质量评定	累计走行里程 (km)	累计运转时间 (h)	配件及材料消耗						
						配件	柴油	机油	液压油	齿轮油	液力油	锂基脂	其他料

单位:　　　　　　　　　　　　　　　　　　　　　　　负责人:　　　　　　　　填表人:　　　　　　　　年　　月　　日

填表说明:
1. 各车队于次月 5 日前报段调度室;
2. 各段于次年元月 10 日前报铁路局主管部门;
3. 配件及其他料消耗以元计，油料消耗以 kg 计;
4. 道岔捣固车组完成作业数量为组其他均为 km。

大型养路机械运用统计季（年）报

表 5-3

运用类别：   年　　季

线名与里程	作业日期		计划封锁天窗		实际封锁天窗		封锁时间兑现率	作业优良率	开通正点率	行车险性以上事故	机械类别	总作业量（km 或组）	运行总里程（km）	单机平均作业效率（km/h 或组/h）	机械总合数	作业机械合数	单机每作业里程消耗（元）			冬检费（万元）
	开始	结束	次数	平均每次时间（min）	次数	平均每次时间（min）											备件	油料	其他料	
合计																				

备注

单位：（公章）：　　　　　　　　负责人：　　　　　　　　填表人：

填表说明：1. 运用类别按大修精筛作业、换道床作业、大修列车作业、线路维修捣固作业、道岔捣固作业、正线打磨作业、道岔打磨作业、边坡清筛作业等分别填写；

2. 封锁时间兑现率 = $\dfrac{\text{实际封锁天窗次数} \times \text{平均每次时间}}{\text{计划封锁天窗次数} \times \text{平均每次时间}} \times 100\%$；

3. 开通正点率 = $\dfrac{\text{正点开通的封锁天窗次数}}{\text{实际封锁天窗次数}} \times 100\%$；

4. 单机平均作业效率 = $\dfrac{\text{总作业量}}{\text{实际封锁天窗次数} \times \text{平均每次时间} \times \text{机械总合数}}$；

5. 冬检费一项仅在年报中填写，其余项目在季报和年报中填写；

6. 季报报铁路局，年报报铁路局和铁路总公司。季报于次季、年报于次年均为第一个月15日前上报。

年　月　日

学习项目四　设备检修保养

检修保养是一项减少机械磨耗,防止机械破损,延长机械使用寿命,保证机械正常运转的非常重要并且必不可少的工作。机械的保养与使用是不可分割的统一体,保养是为了更好地使用,使用也必须注重保养。一台机械保养的好坏,关系着整车功率的发挥和运用的可靠性,亦直接影响到施工质量、效率及燃料的消耗。所以,机组人员决不能忽视平时的机械保养工作。

一、设备检修制度概述

(1)大型养路机械采用计划性修理和状态监测修理相结合的检修保养制度,并针对不同部件的运用特点,采用不同的检修保养方式。

(2)根据使用年限、作业里程和技术状态,大型养路机械整机或总成可送取得维修合格证的修理厂实施厂修,厂修周期按大型养路机械及主要大部件厂修周期规定执行。

(3)大型养路机械应按照大型养路机械检修规则的规定进行检修。集中检修有困难时,可实行设备轮换修制度。

(4)经检修的大型养路机械,必须经过验收合格方准投入使用。厂修的机械由部工务机械车验收室验收;铁路局设驻段验收室,负责对年修机械、总成、重要零部件进行验收。

(5)大型养路机械各总成及部件按其在整机中所起的作用、检修的复杂程度及影响机械性能和使用安全的程度,分成 A、B、C 三类。A 类中关系到行车安全的总成或部件采用计划修;其他 A 类、B 类总成或部件采用状态修;C 类部件可根据运用情况适时修理或更换。

(6)采用计划修的总成或部件,如轮对、钩缓、传动轴、转向架和空气制动系统等,其检修周期、检修技术要求及限度按大型养路机械检修规则的有关规定执行。

(7)重要部件经检修后,应按要求在专用的试验台上进行试验。复杂总成的检修应逐步向专业化发展,以不断提高检修质量。

二、检修管理职责

为落实设备检修管理目标,做到有组织、有计划、有准备地进行,设备的检修工作分为段和车间二级管理。年修保养由段统一安排,具体由设备科做出计划,由检修车间负责组织实施。定期保养检查计划和日常使用过程的检修由各车间负责组织实施。

三、设备修理的原则

1. 先维修后生产的原则

生产设备是企业固定资产的主要组成部分,是企业生产能力的基础,设备修理必须坚持先维修、后生产的原则,以预防为主、维护保养和计划检修并重的方针,实行专群结合、群管群修的方法,有计划地组织好设备的检修工作,保证设备经常处于良好状态,延长设备的使用寿命,保证产品的产量、质量不断提高和增长,为生产的发展提供必需的物质基础。

2. 修用结合的原则

施工单位在下达生产计划的同时,必须下达设备的检修计划,检查生产计划的同时,检查检修计划。在生产与设备维修时间上发生矛盾时,应根据"先维修,后生产"的原则合理安排。在设备检修中,操作工人要紧密配合维修工人,坚持"修用结合"的方法。

3. 修理与教育相结合原则

要对职工进行正确使用和维护保养设备的思想教育、技术教育,培养职工主人翁责任及自觉爱护设备的习惯,在搞好群众性维护保养的基础上,不断提高修理质量和修理工修理效率,缩短停歇时间,降低修理成本,使设备更好地为生产服务。

▶▶ 四、检修计划的编制

检修计划按完成时间、进度的安排可分为年度检修计划(安排全年的检修任务)、季度检修计划(按年计划,安排季度检修任务)和月份检修计划(按季度计划,安排每月的检修任务)。为了保证修前生产技术准备工作有足够的时间进行,年度检修计划最迟应于年前两个月编制完成。

▶▶ 五、设备检修后的验收

1. 定期保养检查验收

定期保养检查验收由车间组织设备技术员、维修工人和操作工人执行,对所修部位进行检查、空运转试验、负荷试验等,并填写《大型养路机械定期检查保养实施情况表》(表5-4),月底交设备科存档。

大型养路机械定期检查保养实施情况表　　　　表5-4

机械名称:　　　　车号:　　　　检修保养级别:

检修项目	检修要求及标准	计划配件材料	责任人单位	完成日期	验收人	完成情况

单位:　　　　负责人:　　　　填表人:　　　　年　月　日

2. 设备大修后的检查验收

大修后的设备应全面恢复原设计能力,技术性能及精度大修质量标准,配齐安全装置和必要的附件,外部检查、空运转试验、负荷试验合格后,对动力设备要进行耐温、耐压等技术性能试验。验收后由设备主管工程师将有关的修理资料(包括设备精度检验记录、技术性能试验记录、设备修理完工验收通知单等),收集整理交资料管理员存档。

▶▶ 六、设备保养管理

大型养路机械保养可分为日常保养和定期保养,一般而言,保养过程与检查过程是紧密相连,不可分割的,所以保养过程也就是检查、给油、调整、维修的总过程。此外,大型养路机械在长期封存、临时停放等情况下还需要进行针对性检查保养。

(1)设备保养工作应贯彻"安全第一、预防为主"的原则,应把设备故障消灭在萌芽状态,其主要任务是防止连接件松动和不正常的磨损,监督操作者按设备使用规程的规定正确使用设备,防止设备事故的发生,延长设备使用寿命和检修周期,保证设备的安全运行,为生产提供最佳状态的生产设备。

（2）坚持使用和维护相结合原则,操作人员在设备日常维护工作中做到"三好"、"四会"。定期添加润滑油或润滑脂,保持油路畅通。

（3）操作人员实行设备维护保养负责制,正确使用好自己操作的设备,不超负荷使用。发现问题和异常现象,要停车检查,自己能处理的马上处理,不能处理的,及时报告检修责任者,即时处理。

（4）日常保养结束后将设备擦拭干净,保持设备内外清洁,无油垢、无脏物,做到"漆见本色铁见光"。

（5）大型养路机械执行设备交接班制度,每台设备都有"交接班记录本",轮修人员要认真写清楚,交接双方要在"交接班记录本"上签字,设备在接班后发生问题由接班人负责。

▶▶ 七、大型养路机械日常保养

以 DC-32k 捣固车为例,大型养路机械保养可分为日常保养和定期保养,一般而言,保养过程与检查过程是紧密相连,不可分割的,所以保养过程也就是检查、给油、调整、维修的总过程。

1. 发动机日常保养

发动机日常保养是在机械运转前、运转中和停机后对机械进行的例行保养,主要进行机械的润滑、检查及调整工作。日常保养应做到"四勤"、"二净"。所谓"四勤"是指勤清洗、勤检查、勤紧固、勤调整;所谓"二净"是指油净、空气净。

（1）检查机油。日常保养的目的在于检查和调整机械各部间隙,改善各部润滑条件,机油显示不足时及时补充机油,以减少零件的磨损,如图 5-1 所示。

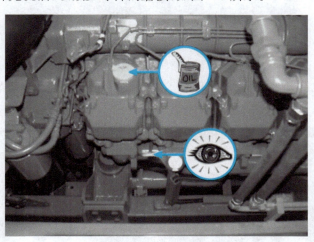

图 5-1　发动机机油加油口及检查标尺

（2）检查空气、燃油及机油滤清器密封、紧固正常,包括集尘器的清理和滤筒的保养。每周清洗一次燃油粗滤器,更换失效或损坏的滤清器;排除空气滤清器集尘,出现堵塞报警应吹尘,如图 5-2 所示。

（3）检查发电机的三角皮带张紧状况。在皮带中间用手指能压下 10～15mm 为正常。

（4）检查燃油箱油位,必要时补足,如图 5-3 所示。

（5）检查紧固连接件有无松动,机器运转时有无异常响声。

图 5-2 检查部位
1-空气滤清器；2-集尘器；3、4-滤筒

图 5-3 燃油箱

(6)检查柴油机冷却液液位,不足时补充,如图 5-4 所示；检查冷却管路是否正常,有无泄漏现象。

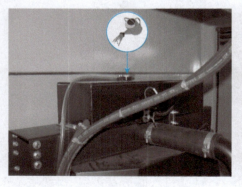 

图 5-4 发动机冷却液检查
1-发动机冷却液注入口；2-发动机冷却液排水塞

(7)新发动机或经大修后的发动机,初次运用 50h 后,需进行下列技术保养：
①更换油底壳的机油,并清洗油底壳。

②更换机油滤筒。
③拧紧汽缸盖上进、排气管连接螺钉。
④检查空气滤清器的橡胶管、卡箍等处应紧固无泄漏。
⑤检查并调整进、排气门间隙。
⑥再次拧紧油底壳螺栓和发动机支座的固定螺栓。

2.动力传动及走行制动系统检查保养

(1)查看各传动轴有无裂纹、传动时有无异响、连接螺栓、螺母有无松动等情况,如图5-5所示。

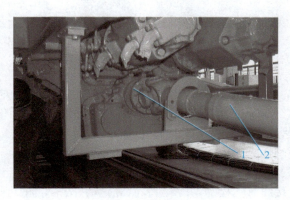

图 5-5　传动轴
1-传动轴螺栓、螺母;2-传动轴

(2)检查走行驱动油泵、油马达、减速器、分动箱、车轴齿轮箱等的油位是否正常,箱体有无裂纹及漏油现象,连接紧固螺栓有无松动,如图5-6所示。

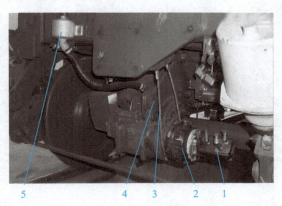

图 5-6　走行驱动油泵检查
1-马达;2-液压泵;3-车轴齿轮箱;4-扭矩支座连接板;5-液压滤油器

(3)检查各离合器的动作状态是否良好,离合器状态指示灯是否正常。

(4)起动发动机检查变矩器的油位,不足时补充。检查动力换挡变速器是否有异响,在发动机停机状态下清洁变速器箱体表面,检查有无裂纹及漏油现象。

(5)排放各储风缸内积水。总风缸、工作风缸、双室风缸、油水分离器等件的排水塞门,应经常开通排放,排出积水,如图5-7所示。

(6)空气制动阀操纵要灵活,不允许有卡滞、漏风现象,否则,必须进行处理。

(7)检查空气制动、缓解及手制动是否有效,如图 5-8 所示。

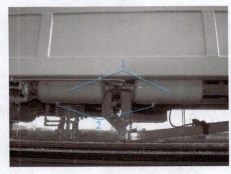

图 5-7　储风缸
1—气动系统储风缸;2—排水阀

图 5-8　手制动机

3. 电气系统

(1)检查作业车电气系统的基本功能,各元器件的动作及各接插件、显示仪表、信号灯、报警灯和工作装置的状态等,以保证电气系统正常工作。

(2)检查所有电磁阀插头的接插部件应接触牢固,无松动现象。

(3)检查各种行程、感应和压力开关及压力传感器的工作位置是否准确,安装是否牢固。

(4)检查蓄电池连接线有无松动,并清除表面氧化物,柴油机起动前,蓄电池电压不得低于 20V;柴油机起动后,蓄电池电压应在 24~28V,如图 5-9 所示。

图 5-9　蓄电池

(5)柴油机起动后,打开照明、指示、报警装置的控制开关,各装置应工作正常,各仪表显示正确。清除仪表盘面上的灰尘,如图 5-10 所示。

(6)检查指示灯工作状态,尤其要注意检查工作装置锁定指示灯、制动信号灯和驱动离合器指示灯的显示是否正确。

(7)操纵台上的各操纵手柄、旋钮、按钮、开关应工作正常。

(8)走行电气控制系统的挂、脱挡功能及显示应正常。工作装置的相应执行动作与各开关或按钮的功能保持一致,并与面板上各开关、按钮标示的动作方向相符,如图 5-11 所示。

(9)检查各照明开关的作用及状态,作业灯、前后车灯、司机室内照明灯损坏时及时更换。

图 5-10 作业装置锁定/解锁指示灯

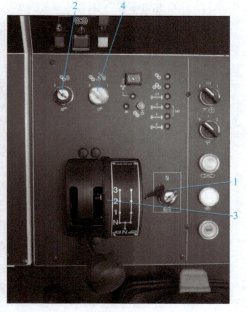

图 5-11 走行电气控制系统面板
1-主蓄电池钥匙开关,开/关;2-驱动器面板选择器钥匙开关;3-变速挡位选择手柄;4-ZF 作业驱动,开/关

4. 液压系统

(1)对液压系统的压力及各部件的紧固、密封等进行检查,并及时对发现问题的地点进行保养,以保证其正常工作。

(2)检查液压油箱油位,必须保持液压油箱的液压油处于正常油面,如需补油时用过滤精度为 $20\mu m$ 的滤油机过滤后注入相同牌号的液压油。

(3)检查各液压油路的压力,不正确时,查明原因,予以调整。

(4)检查各橡胶软管、钢管、管接头和各种液压阀等应无泄漏与磨损。各油管及接头泄漏时,应重新紧固管接头或更换油管及接头;各橡胶软管出现磨损时,要对磨损面进行位置调整或包扎,严重磨损时要更换软管,如图 5-12 所示。

(5)检查各液压泵和液压马达的安装与连接有无松动,运转时有无异响,如图 5-13 所示。

在图 5-13 中,注意位置 8:使用外部的停机按钮将停止发动机,关闭作业系统电源,释放液压压力,并且使车辆制动。

(6)各种液压控制阀的安装应牢固可靠。电磁控制阀与电路的连线无损伤,电器部分与阀体

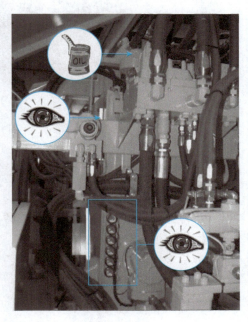

图 5-12 液压油箱油位

接合牢靠，信号灯指示正常，如图 5-14 所示。

图 5-13 液压泵和液压马达的位置

1-作业驱动的分动齿轮箱；2-泵驱动齿轮箱；3-泵驱动齿轮箱油位计；4-ZF 换挡齿轮箱；5-液压三联泵（为驱动空调马达、发电机驱动马达和 ZF 冷却系统提供压力油）；6-泵驱动齿轮箱机油的排出阀门（本机没有接出）；7-电喇叭按钮；8-停机按钮；9-驱动停止按钮；10-耳机插座

图 5-14 液压阀

(7) 系统在工作中，要经常检查油量、油温、压力、噪声等，若有异常现象应立即停机处理。

(8) 检查压力表有无损坏或异常现象。

5. 气动系统

(1) 检查各风缸、风管有无擦伤或磨损。

(2) 排放油水分离器的污水。

(3) 检查气动系统压力是否正常，各管路、接头、汽缸等有无漏泄。

6. 工作装置

(1) 捣固装置（图 5-15）：

① 检查捣固头上的润滑油箱的油位是否正常。

② 向各铰接销轴处加注润滑脂。

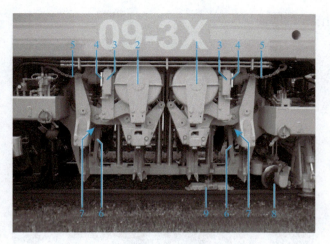

图 5-15 捣固装置

1-左前部捣固装置；2-左后部捣固装置；3-捣固臂轴承润滑油油箱；4-捣固臂轴承润滑油油箱油位计；5-捣固装置安全链；6-捣固装置锁定装置；7-捣固装置锁定接近开关；8-拨道测量小车；9-抄平小车

③检查偏心轴盖是否松动，轴承有无异响。

④检查捣镐头磨损情况，更换磨损超限的镐头（磨损不大于 15mm）。检查镐头紧固螺栓有无松动。对捣固头进行油缸夹持、旋转、横移、镐脚倾斜等操作，观察各动作是否灵活，是否有滴油、渗油现象。

⑤检查捣固装置上各液压和气动软管接头有无泄漏。

⑥集中润滑油道有无磨损及泄漏，如图 5-16 所示。

图 5-16 集中润滑

⑦检查提升油缸的安装铰座、活塞杆的铰接处、夹持油缸的端盖，导向柱卡环等有无松动和异常。

(2) 起拨道装置及检测机构，如图 5-17 所示。

①检查起、拨道油缸，夹轨钳油缸有无漏油，清除油缸活塞杆油污。

②检查拨道、抄平弦线张紧汽缸有无漏气及弦线张紧情况是否正常、弦线有无磨损及出现毛刺状况。

③检查抄平传感器、正矢传感器、深度传感器、电子摆安装是否牢固，工作是否正常。

④检查夹轨钳滚轮的磨损情况。

图 5-17 起拨道装置

1-作业系统工作警示闪烁灯(当灯正在闪烁时,作业系统处于工作状态。工作小车区域十分危险,不得进入);2-外接风快速接头;3-起拨道装置;4-拨道测量小车

(3)夯实装置,如图 5-18 所示。

图 5-18 夯实装置

①夯实器油马达运转时,夯实器振动正常,无异响。
②结构件无明显变形、裂纹。连接销、开口销、垫圈、螺母等完整无缺,各处紧固良好。
③夯实器凹槽底板磨耗正常,厚度不小于限度规定。
④锁定机构灵活可靠、工作正常。
⑤升、降夯实器时,限位开关、感应开关动作灵敏,升降油缸两端连接处轴销润滑良好,磨损不超限;清理夯拍器凹槽内的石砟等污物,夯实轴转动无卡滞。

7. 动力传动系统

(1)传动轴,如图 5-19 所示。

①传动轴转动无异常,各部位表面有裂纹、变形及平衡块缺失时,应更换传动轴总成。
②传动轴各连接螺栓、螺母应紧固牢靠,防松装置应作用良好。
③传动轴防护装置连接螺栓、螺母应紧固牢靠;防护装置有裂纹时,应焊补修复。

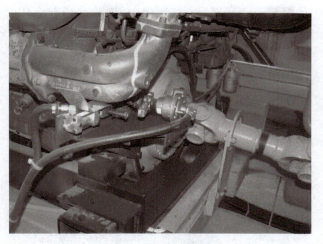

图 5-19　发动机及传动轴

（2）齿轮箱。齿轮箱包括分动箱、减速器、过桥轴箱等箱体无裂纹、漏油现象，连接螺栓紧固良好。检查各齿轮箱油位，并按规定补油。各齿轮箱运转无异响，每次运行停止时，检查其表面温度应符合规定要求。各齿轮箱连接法兰无裂纹、松动。

（3）液力机械变速器。液力机械变速器、柴油机的日常检查保养内容，按制造商维修保养手册规定进行。检查时一般观察液力机械变速器、柴油机的油压、温度指示正常，控制线束无磨损，老化，龟裂；液力机械变速器末级离合器、液压马达离合器的脱、挂动作灵活、可靠，作用良好。各部位螺栓按要求紧固，各管路无漏油，如图 5-20 所示。

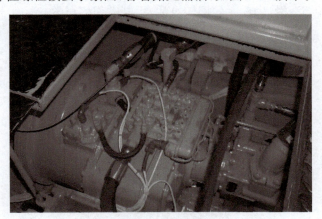

图 5-20　液力机械变速器

8.走行系统

（1）转向架构架无裂纹、缺损，各处焊缝无开焊现象，如图 5-21 所示。

（2）轮对进行外观检查，车轮踏面擦伤、裂纹、剥离、掉块不超限。

（3）检查轴箱悬架装置：轴箱无裂纹、无漏油；轴箱工作温度正常、工作时无异响。轴箱盖无翘曲及裂纹，紧固螺栓无松动。金属橡胶弹簧作用正常（一系悬架）；螺旋钢弹簧无裂纹、折损（二系悬架）。油压减振器无漏油、异常噪声和卡死现象。

（4）中心销工作无异响。

（5）检查车轴齿轮箱：运转平稳、无异响，机械每次运行停止时，轴承部位箱体表面温度不超过规定要求。箱体各接合面处无渗、漏油现象;连接螺栓要紧固;放油螺塞密封良好。每运转50h,向端盖上的油嘴加注润滑脂。液压马达、感应开关、电磁阀等工作正常,液压部分无泄漏。

图 5-21 转向架及车轴齿轮箱
1-齿轮箱空挡位锁紧手柄;2-锁紧手柄挂锁;3-安全制动阀

(6)基础制动装置各连接销、开口销、油嘴完好,制动杠杆和制动梁无损伤和变形,上、下拉杆的调整螺母锁定可靠。闸瓦无裂纹、严重偏磨,闸瓦间隙均匀且符合规定要求。

(7)手制动机各部润滑良好,手轮回转灵活,手制动作用正常。

9. 车钩缓冲装置

车钩摆动灵活,钩舌销和钩尾销安全螺栓的开口销作用正常,车钩三态(闭锁、开锁、全开状态)作用良好,如图5-22所示。

图 5-22 车钩

10. 制动系统

(1)机组施工结束返回驻地进行单机解体保养时,用本机的制动阀进行试验。机组连挂每天出车前,用担当本务机的制动机进行试验。检查空气压缩机工作正常、压力表显示正确,总风压力在 600~700kPa。空气干燥器工作正常。

(2)制动机性能试验：

①待制动系统充风后(约 1min),将自动制动阀手柄置于保压位,保压 1min,制动管压降不超过 10kPa。

②用自动制动阀进行 50kPa 的制动管减压,保压 1min,制动缸压降不超过 10kPa。

③用单独制动阀进行 50kPa 的制动,保压 1min,制动缸压降不超过 10kPa。

④待制动系统充满风后,用自动制动阀进行 50kPa 的减压,机组中所有机械应产生制动作用,制动缸压力达 50~70kPa。

⑤待制动系统充满风后,用自动制动阀进行 140kPa 的减压,机组中所有机械不应发生紧急制动作用,制动缸压力升为 340~360kPa,时间为 6~9s;制动缓解时,制动缸压力缓至 35kPa 的时间不大于 8s。

⑥待制动系统充满风后,拉紧急制动阀进行紧急制动,制动管自定压下降至零的时间不大于 3s,制动缸压力最高压力 420~460kPa,制动缸升压时间不大于 9s。

⑦用单独制动阀进行制动,制动缸压力由零升至 340kPa 的时间不大于 4s,最终压力为 360kPa;缓解时,制动缸压力缓至 35kPa 的时间不大于 5s。

⑧用旁路制动开关进行制动,制动缸压力由零升至 340kPa 的时间不大于 4s,最终压力为 360kPa;缓解时,制动缸压力缓至 35kPa 的时间不大于 5s。制动缸的行程要符合规定要求,否则应调整。

(3)检查液压制动性能应正常。

11. 电气系统

(1)所有电磁阀、行程开关、接近开关和各种测量传感器的接插部件接触牢固,无松动。蓄电池的接线无松动和氧化。

(2)各种测量传感器、行程开关和接近开关的工作位置准确,安装牢固,无松动。距离测量轮表面清洁、无附着物,如图 5-23 所示。

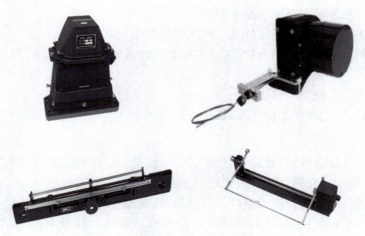

图 5-23 各种测量传感器

(3)柴油机起动前,蓄电池电压应不低于 20V;柴油机起动后,蓄电池电压在 24~28V。

(4)柴油机起动后,各照明、指示装置、报警显示装置工作正常,各仪表显示正确。

(5)前照灯、后照灯、标志灯、制动灯、照明灯、警灯等安装牢固,显示正确。前照灯安装位置调整合适,聚焦良好,照射方向正确。

(6)电磁控制阀与电路的连线无损伤,电器部分与阀体接合牢靠,指示灯指示正常。

(7)各箱体与车体固定牢固,线束连接安全可靠,电喇叭工作正常。

(8)计算机控制箱插头与插件箱总线板接触紧密、牢靠,无松动。

12. 控制箱功能检查

(1)捣固车1号位、驾驶室检查柴油机起动、调速及停机功能正常,液力机械变速器换挡功能是否正常。

(2)正确操作前后司机室的 B2、B4、B5、B7 和 B11 箱上的操作开关、按钮动作应自如,相应的控制功能正确,各给定电位器调节指示值与面板上数字显示值一致。重点检查紧急停机和辅助制动工作是否正常。

(3)检查测量系统及各工作装置动作正常。

(4)检查 B5、B11 箱显示器中作业装置锁定/解锁状态和 B7 箱二极管板指示的状态一致。

(5)输入标准 S 形曲线,采用模拟走行方式检查 GVA—CAN 的工作状况。检查记录仪的工作正常。

(6)在模块诊断界面,观察所有模块状态指示正常(显示绿灯)。

(7)检查 B2、B4、B5、B7 和 B11 箱键盘各按键功能正常,按键按下后对应按键有按键音且指示灯亮。

13. 通信设备检查

(1)检查列车无线调度通信设备、列车运行监控记录装置和机车信号性能良好。

(2)检查各仪表显示正常,清除仪表盘面上的灰尘。

(3)检查各信号、报警指示灯的工作状态。

(4)检查各旋钮及开关的位置正确。

(5)检查手动输入电位计工作正常。

(6)检查故障报警显示系统功能正常。

(7)检查作业照明灯、前、后车灯及室内照明灯工作正常。

(8)检查各照明开关的作用及状态,注意检查制动指示灯和作业走行离合器指示灯的显示正确。

(9)检查车内通话系统工作正常。

(10)检查 GVA、记录仪工作正常,如图 5-24 所示。

14. 测量系统

(1)测量系统各处连接销、开口销、垫圈、螺母、油嘴等应完整无缺,螺母、螺钉紧固良好,无松动。各钢弦两端应夹紧,无断丝、死弯现象。

(2)测量系统各处结构件应无裂纹及明显扭曲、变形等现象。

(3)各测量小车收放自如。测量随动杆上下动作应灵活。如图 5-25 所示。

(4)各测量小车锁定机构应灵活可靠、工作正常。安全防护装置齐全有效。

(5)测量小车走行轮固定牢靠,转动灵活,踏面无异常磨损,并保持清洁。

(6)R、M、F 三点探测杆下端的滑动触头处及升降导套加注润滑油,如图 5-26 所示。

图 5-24　前司机室及 GVA 系统

图 5-25　测量小车

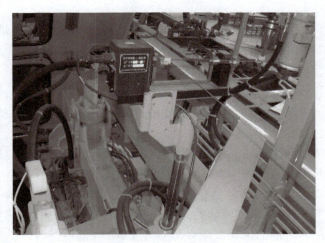

图 5-26　测量小车及升降杆

▶▶ 八、大型养路机械定期保养

机械每固定运转一定时间后进行的保养工作，称为定期保养。定期保养是根据机器运转的情况,定期进行强制性的检查、调整、维修,是机械使用过程中较为全面的检查和保养。通过定期保养可以发现一些已出现或即将出现的某些故障并加以排除,防患于未然。因此,定期保养对保证机械安全、正常的运转起着相当重要的作用。

大型养路机械各个工作装置根据使用时间不同分为一级、二级和三级保养或定期保养。柴油机、液力机械变速器的检修按制造商《维修保养手册》规定的周期进行,如表5-5所示。

定期检查保养周期　　　　　　　　　　表5-5

序号	项目名称	一级	二级	三级
1	发动机及附属工作装置	100～200h 50h	300～600h 200h	1200～2400h 400h
2	动力传动系统			
3	捣固装置		3个月进行一次定期保养	
4	走行系统			
5	制动系统			
6	液压系统			
7	电气系统			
8	液压系统			
9	起拨道装置			
10	气动系统		6个月进行一次定期保养	
11	测量系统			
12	车钩缓冲装置			
13	激光准直系统			
14	空调系统和车体结构			

1. 发动机

以德国道依茨(KHD)公司产风冷 B/FL413F/513/C 系列柴油发动机为例。

(1)发动机每工作100h的保养:

①取样化验发动机机油,根据油液检测分析通知单更换发动机机油。若需更换机油,必须在热机状态下进行。放油时,待全部机油流出后再把放油塞拧紧。加注新机油时必须保证加油口及新机油的清洁,必要时可采取有效的过滤清洗措施。当机油油面至油尺上部刻度时停止加油,经发动机短时间运转后再次检查油面。

②清洗燃油滤清器的粗滤器。松开压紧螺母将卡环推到一边,取出滤芯,在柴油中清洗滤芯和滤清器体。装配时应将滤清器体正确地同密封圈装在一起。

③清洗发动机外表面。如果发动机上装有变矩油散热器和中冷器,也同时加以清洗。在恶劣的工作条件下,对散热片的清洗尤为重要。因为积附在汽缸体、汽缸盖和机油散热器上的灰尘及含有柴油和机油的油泥黏附在散热片上,会降低散热效率。特别是汽缸盖的垂直散热片通道始终要通畅,应仔细地清洗。对散热片清洗推荐采用干式清洗法,例如用金属丝刷和压缩空气吹洗,而且应从排风侧开始吹。如用洗涤剂进行清洗,应浸润足够的时间,之后用高压水进行冲洗。最后运转发动机,使残留水分得以蒸发,避免零部件表面生锈。用洗涤器蒸气喷嘴进行清洗是最好的方法。清洗时应对喷油泵、发电机、起动马达等电器进行

遮盖保护,防止与水接触。

发动机的排气总管大部分包有绝热材料,如果用易燃剂对发动机进行清洗时,无论如何不得使其与绝热材料接触,否则在发动机运转后,温度升高时有产生燃烧事故的危险。在清洗发动机的同时,应检查进气管上的橡胶管和气缸盖上的排气管的密封情况。

④检查发动机紧急停机装置的作用是否灵活可靠。

(2) 发动机每工作200h的保养:

①更换机油滤清器的滤筒或滤芯。

a. 拆卸机油滤筒:先用起子将两个卡箍螺丝松开,并向下取出卡箍,用起子将滤筒松开后再用手将其旋出。滤清器托架的密封面脏污时应进行清洗。

b. 安装滤筒:在橡胶密封圈上涂少量机油,用手转动滤筒,直到靠上密封圈,再用双手将滤筒拧紧,严禁用工具拧紧滤筒。紧固卡箍,防止滤筒自动松动。装好机油滤清器后进行试运转,应观察机油压力是否正常和滤筒的密封是否良好。如果发动机安装的是可更换滤芯的机油滤清器时,按下述时间和要求更换和清洗滤芯。发动机工作20~30h后,卸下机油滤清器总成,用扳手松开螺栓,取出纸质滤芯,换上金属网滤芯或纸质滤芯,拧紧螺栓后,再将机油滤清器总成装到机体上。换上金属网滤芯后,要定期清洗金属网滤芯,一般运转200h清洗一次。根据使用机油的质量,污物对金属网滤芯的堵塞有所不同,故对滤芯的清洗周期要根据实践而定。

c. 清洗金属网滤芯,先卸下机油滤清器总成,然后用扳手松开螺栓,取出金属网滤芯在柴油中刷洗干净,组装好机油滤清器总成。在清洗中如果发现金属网损坏,应更换新的滤芯。

②清洗冷却风扇液力耦合器上的滤清器罩。松开锁紧卡簧后取下风扇护罩,卸下滤清器罩并清洗内部。安装时注意O形密封圈的正确位置,若有损伤应立即更换。

③检查并拧紧发动机上的各紧固螺栓。

(3) 发动机每工作300h后的保养:

新发动机或经大修后的发动机,第一次检查气门间隙应在发动机运转50h后进行,正常工作条件下每经300h应检查气门间隙。在恶劣工作条件下,如每天经常肩动发动机、环境灰尘较多等,则要缩短检查周期。

检查气门间隙在发动机冷机状态下,用厚度为0.2~0.3mm的塞尺进行检查,不符合要求的气门间隙应加以调整。

(4) 发动机每工作600h后的保养:

①检查汽缸盖温度报警器。从汽缸盖上拆下温度传感器(用于温度表)或者温度报警开关(用于温度报警灯),将它们浸入170~175℃的热油中,这时温度表的指针应指到红色区域或报警灯发亮。

②检查发电机的状态。

③检查进气、排气总管的紧固情况和密封状态,必要时应进一步紧固连接螺栓。

(5) 发动机每工作1200h后的保养:

①更换柴油滤清器滤芯。每工作1200h后或平时发现发动机功率下降,必须更换柴油滤清器滤芯,更换的同时将滤清器支架的密封面清洗干净。滤芯安装好后,应将滤清器内空气排净。具体做法是:将放气螺塞松开2~3圈,把手打油泵的手柄向左旋转使其松开,压动手油泵,直到从放气螺塞处外溢柴油无泡沫时,重新拧紧放气螺塞。

②检查增压空气管道、排气管道和废气涡轮增压器的进出机油管道的紧固、密封情况,

尤其要注意增压空气管道与废气涡轮增压器之间连接管的密封和紧固情况,并对废气涡轮增压器进行清洗。

③进行火焰预热塞功能检查。在进入寒冷季节之前要检查火焰加热塞的功能。检查火焰加热塞电器功能时,将发动机起动开关放在预热位置,预热约 1min 后加热指示灯必须发亮。检查火焰加热塞的柴油供应情况时,将火焰加热塞的连接螺纹松几圈,把发动机起动开关放在起动位置上,起动马达使发动机空转,这时柴油必须从连接螺纹处流出。如果没有柴油流出,其故障在修理车间排除。进行上述检查时,应注意发动机油门必须置于停机位置。

堵塞的火焰加热塞应更换。当火焰加热塞的功能完好时,在起动过程中,火焰加热塞附近的进气管用手接触感到是温热的。

④保养发电机,并应注意以下几点:
a. 发动机运转时,蓄电池、发电机之间的连接线不许断开;
b. 蓄电池的连接线不得接错;
c. 充电指示灯损坏后应立即更换;
d. 清洗发动机时应对发电机加以遮盖,避免进入污物;
e. 不能用触地的方法来检查发电机导线有无电压。

⑤检查起动电机,如图 5-27 所示。

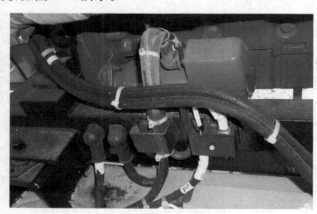

图 5-27　发动机起动电机

(6)发动机每工作 2400h 后的保养:
①更换曲轴箱通气阀,把 4 个六角螺栓拆下,取下呼吸器盖,更换阀芯。
②拆下喷油泵,在喷油泵检测仪上进行检查,按发动机的要求调整到正确的工作压力,必要时进行更换。喷油泵的喷油压力:BFL413F 系列发动机喷油泵的开启压力为 17.5～18.3MPa,喷射压力为 43.5MPa;BFL513 系列发动机喷油泵的开启压力为 27MPa,喷射压力为 65MPa。除了定期对喷油泵进行保养外,在发动机出现异常现象时才有必要进行喷油泵压力的检查。
③拆下废气涡轮增压器,在柴油或无腐蚀性的洗涤液中清洗增压器外壳和叶轮。重新安装后,应仔细检查各相关部分的紧固情况。

2. 动力传动及走行制动系统

(1)每工作 50h 的检查保养:
①检查分动箱、减速器、车轴齿轮箱、过桥传动轴箱、动力换挡变速器的油位,不足时补充。

②给发动机功率输出传动轴十字头加注润滑油脂。

③检查各传动轴有无裂纹及变形、传动时有无异响。若有则更换,紧固传动轴螺栓、螺母。

④检查制动闸瓦的磨损情况,闸瓦厚度小于17mm或有裂纹时,应立即更换。闸瓦间隙应调整在5～10mm,遇有闸瓦偏磨时应进行调整,如图5-28所示。

⑤检查空压机的工作是否正常,发动机转速在2300r/min时总风缸压力由零升到700kPa所需时间大约8min。

⑥对基础制动的连杆、销轴、制动梁、制动缸等部件进行检查,应无严重磨耗及开焊、开裂、摆动等现象。

⑦查看车轴、车轮、轴箱有无异响,轴箱端盖螺栓松动时应重新紧固。

⑧对转向架进行外观检查和处理,应无裂纹、严重变形现象确保其处于正常状态。

⑨运行途中停车时,应用红外线测温仪。检查轴箱外表温度,最高不应超过70℃。如温度太高或局部温度过高,应打开轴箱端盖,检查润滑油质、油量、滚动轴承、轴承支架的状态,根据不同情况判明原因后及时处理。要避免水、砂及其他脏物混入轴箱,保证其寿命。

(2)每工作200h的检查保养:

①更换动力换挡变速器的液力油滤清器滤芯。

②给各传动轴十字头加注润滑油脂。

③给车轴齿轮箱悬架轴销处加注油脂。

④检查齿轮箱各部螺栓是否良好。

⑤检查传动轴防护装置有无裂纹,发现裂纹及时焊修,如图5-29所示。

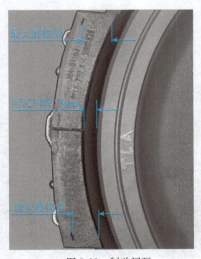

图5-28 制动闸瓦

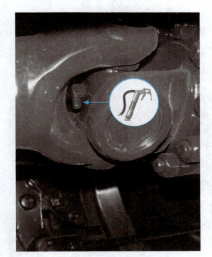

图5-29 传动轴注油口

⑥检查主、辅驱动离合器脱、挂动作是否灵活,感应开关、行程开关是否工作正常。

⑦向基础制动杠杆机构的各铰接处加注润滑油,如图5-30所示。

⑧向手制动机传动机构加注润滑油。

⑨检查车钩及缓冲装置有无异常。

⑩检查各液压减振器和橡胶减振器有无异常,油压减振器有漏油或卡死现象时,应拆检或更换。

⑪检查转向架摇枕、侧梁及侧梁连接杆应无裂纹和明显变形,各处焊缝无开焊。转向架构架与各零部件间的紧固螺栓、螺母不得松动。检查圆减振弹簧有无裂纹、折损。

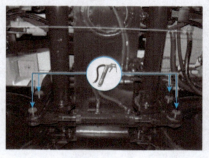 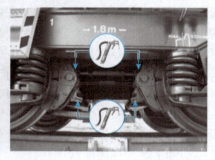

图 5-30 基础制动

(3)每工作 400h 的检查保养：
①更换动力换挡变速器的油液。
②更换减速器的油液。
③更换分动箱的油液。
④更换过桥传动轴箱的润滑油，如图 5-31 所示。
⑤更换车轴齿轮箱的润滑油，如图 5-32 所示。

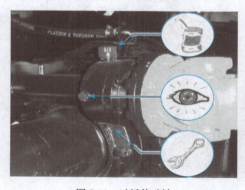 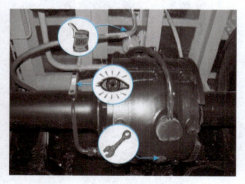

图 5-31 过桥传动轴　　　　　　　图 5-32 车轴齿轮箱

⑥更换动力换挡变速器的液力油滤清器滤芯，并清洗滤清器，如图 5-33 所示。
⑦检查闸瓦托吊和杠杆铰接处的圆销、开口销、闸瓦插销应无折断、丢失。
⑧对各传动轴进行探伤检查，不合格的传动轴要更换。
⑨更换车轴轴承箱的润滑油脂，检查轴承有无损伤，必要时进行探伤。
⑩对车轴进行超声波探伤；对液压减振器和橡胶弹簧进行性能试验；检查车轮踏面有无超限擦伤和磨损,同轴的两轮踏面直径差不得超过 1mm,同一转向架的车轮踏面直径差不得超过 2mm,必要时旋修车轮；对空气制动系统按检修规范进行检修。

图 5-33 清洗滤清器
1-变扭器粗滤器;2-变扭器精滤器

3.电气系统

(1)每工作 50h 的检查保养:

①清除电气控制箱内的灰尘及其他杂物,检查箱内干燥粉袋是否完好,如图 5-34 所示。

图 5-34 电气控制箱

②检查各电气控制箱内的所有电器元件、电路板应插装牢固,各接线端子板上线头连接无松动,各接线线号完整、接触良好。

③检查各继电器插接是否牢固,引出线与插座的连接不得松动,各触角应保持接触良好。继电器触头无烧伤或发黑等现象。对于触点间通过电流较大的继电器须作重点检查,凡动作不良、工作不可靠的继电器应更换。

④检查各感应开关、行程开关、闸刀开关安装是否牢固,位置是否正确,工作是否可靠。

⑤检查前照灯、后照灯、标志灯、制动灯、照明灯、警灯等应安装牢固,无松动、脱落现象。调整大灯的焦距,更换损坏的照明灯、指示灯、制动灯、标志灯等。

⑥检查各控制箱面板上的控制开关或按钮应动作灵活,扭动或弹跳自如,接触良好,导线与开关触头的连接无松动。各开关、按钮的功能应与面板标示相符。

⑦各电磁阀插头无松动现象。电磁阀通电时,其阀上指示灯应有指示,相对应的电磁阀有相应动作,并且芯动作灵活、可靠。更换电磁阀时要注意接线的正负极性。

⑧检查蓄电池的电解液面高度和比重是否正常,保养蓄电池各接线端子。

a. 电解液面应高出极板 10～15mm。高度降低时应及时添加蒸馏水,如液面降低是由于电解液溢出的原因引起,可加入电解液补充。

b. 用密度计测量各单节电解液比重:在全充电状态下,应为 1.28～1.30g/cm;在半放电状态下应为 1.25g/cm;在全放电状态下应为 1.10～1.15g/cm。

c. 各极板螺栓应紧固,接线柱应完好,接线牢固,接触可靠。有氧化物时应清除。

(2) 每工作 200h 的检查保养:

①检查各传感器、压力开关、电子摆等固定是否牢固,工作是否正常,如图 5-35 所示。

图 5-35 检查部位图
1、2-传感器;3-行程开关;4-电子摆;5-保险链

②保养各电气箱接地线、车体接地线汇线排、车体各部之间接地连接线。接地线应接触良好,表面无氧化物。

③清除各感应开关、行程开关表面油污,检查各开关动作值是否正确,并且按需要进行调整。

④用酒精清洗各继电器触角。

(3) 每工作 400h 的检查保养:

①检查并调整各位移传感器、电子摆的输出值。检查并校正各位移传感器、电子摆上所对应的机械与电气零点,输出值增益比例。

②检查各压力开关、压力传感器、温度传感器应安装牢固,调定的参数应满足相应技术条件的要求。

③检查并校正各显示仪表的零点。

④检查并校正各电路板的电气参数。

⑤更换绝缘不良的导线。

⑥更换或修理工作不良的电路板。

⑦检查并调整电气系统的主要参数。

4. 液压系统

(1) 每工作 50h 的检查保养:

①检查各种软管、接头有无泄漏以及外表磨损情况。油管及接头有泄漏时,重新加固管接头或更换油管、接头。各软管磨损部位要防护和包扎,软管老化、龟裂、磨损严重(漏出金属网)时要更换。

②检查吸油和回油滤清器工作是否正常。当指示表针指示在红区时,要及时清洗滤芯。当滤清器的报警灯亮及报警蜂鸣器响时,要更换滤芯,如图5-36所示。

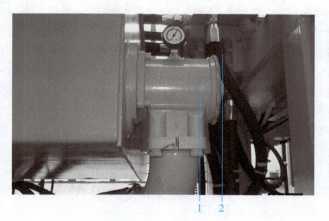

图5-36 吸油和回油滤清器
1-吸油滤清器；2-污染指示表

③检查各油泵、油马达工作状态是否良好,运转时有无异响,壳体温度是否超过技术要求所规定的值。液压泵或液压马达的壳体出现裂纹时应更换,泄漏时应更换相关密封件。

④检查各种压力阀、方向阀的安装及连接是否牢固,液压电磁阀与电路的连接线有无损伤,电器部分与阀体结合是否可靠,清除表面油污。

⑤检查液压油箱的油位,不足时补充。

⑥清洁液压油散热器的外部,检查散热器安装是否牢固,不牢固时紧固。发现泄漏时,焊补修复或更换。温度控制阀作用应正常,运用中,不得随便调节温度控制阀的调节螺钉。

(2)每工作200h的检查保养:

①检查蓄能器内的氮气压力,不足时进行补足,如图5-37所示。

图5-37 蓄能器
1-作业系统液压储能器；2-右侧夯拍振动控制电磁阀；3-左侧夯拍振动控制电磁阀；4-控制横平的捣固区域电子摆

②检查各液压回路的压力,当压力调定值发生变化时,重新进行标定,并拧紧压力控制阀中压力调整螺栓的锁定螺母。

③检查各换向阀的动作状况,必要时进行部分解体清洗。

④检查液压油缸的工作状态,油缸两端的连接销和开口销等是否有缺损。对各液压油缸和活塞杆有轻微拉伤、划伤时要用细油石、金相砂纸等进行修理,对于拉伤、划伤严重的要更换。当油缸缸体有裂纹、活塞杆弯曲变形、活塞杆与活塞连接松动及油缸泄漏时要加修或更换。

⑤检查管路的管卡安装是否牢固,有无缺损。紧固不牢固的,将缺损的补齐。

⑥检查液压油温是否超过规定值。液压系统工作油温一般应在30～80℃,在满负荷工作状态下,液压油箱工作温度不得超过80℃,静液压泵及马达温度不得超过90℃。

(3)每工作400h的检查保养:

①放空液压油箱内的液压油,取样化验液压油的污染程度和理化性能指标,更换不符合条件的液压油。

②彻底清洗液压油箱,清洗或更换回油滤清器和吸油滤清器。

③更换动作不良的各种压力阀、换向阀。阀泄漏时更换相应的密封件。

④对要求对油泵进行流量、压力的测量。

5.气动系统

(1)每工作50h的检查保养:

①检查各橡胶管路是否正常。橡胶软管损伤、老化、龟裂、磨耗严重时应予更换。

②检查各气锁、刮水器等装置是否工作正常。

③检查油雾器的油量,不足时补充。

(2)每工作200h的检查保养:

①检查各气动控制阀与阀座的螺钉应紧固良好,缸体尾部、活塞杆端部的连接销和开口销应完整无缺。

②检查各管路的管卡、管接头卡箍等应完好,不松动。

③检查各气动操纵手柄、开关、按钮是否工作正常。

(3)每工作400h的检查保养:

①检查各气动电磁阀与电路的连线应无损伤,电器部分与阀体接合应牢靠,信号灯指示正常。

②检查各控制阀座、各风缸铰接座是否焊接牢固,对需要处理的地方进行焊补修复。

③检查各气动阀与阀座密封是否良好,必要时需要密封件。

6.动力传动系统

(1)传动轴:

①传动轴转动无异常,各部位表面有裂纹、变形及平衡块缺失时,应更换传动轴总成。

②传动轴各连接螺栓、螺母应紧固牢靠,防松装置应作用良好。

③传动轴防护装置连接螺栓、螺母应紧固牢靠;防护装置有裂纹时,应焊补修复。

④柴油机每运转100h,向各传动轴的万向节头加注润滑脂。

⑤齿轮箱运转平稳,无异响,箱体温度正常。

⑥按规定取样检测各齿轮箱的润滑油,并做好检测、分析记录,对齿轮箱进行状态监测。更换不符合要求的润滑油。

(2)走行系统:

①转向架无裂纹,各处焊缝无开焊。构架与各零、部件间的紧固螺栓、螺母无松动。导框表面清洁,无裂纹,与构架焊缝无开焊。

②有下列情况之一时,更换轮对:
a. 轴身有横向裂纹。
b. 轮毂、轮辋、辐板出现裂纹。
c. 轮辋厚度小于 23mm。
d. 轮毂位移。
e. 轮对内侧距离超过规定限度或内侧距 3 处最大差大于 3mm。

③有下列情况之一时,对轮对实施检修:
a. 轴身有磨、碰、弹伤或电焊打火等缺陷,经处理后痕迹深度大于 2mm。
b. 轮缘垂直磨耗高度大于 15mm,轮缘厚度小于 23mm。
c. 轮缘内侧缺损长度大于 30mm,宽度大于 10mm。
d. 车轮踏面圆周磨耗大于 8mm 或踏面擦伤深度及局部凹下大于 1mm。
e. 踏面剥离缺陷,只有一处时,其长度大于 40mm,深度超过 1mm;存有两处时,其中一处的长度大于 30mm,深度超过 1mm。
f. 踏面缺损后,缺损部到相对车轮轮缘外侧之距离小于 1508mm,长度大于 150mm。

④轴箱悬架装置:
a. 金属橡胶弹簧中的橡胶块无明显变形、龟裂、老化和脱胶等缺陷。
b. 螺旋钢弹簧无裂纹、折损和锈蚀,安装位置无倾斜;挠度失效或出现弹簧裂纹时更换。
c. 轴箱盖紧固螺栓及轴头螺栓应无松动,轴承密封良好,轴箱、轴箱盖无裂损。
d. 油压减振器两端的橡胶垫无老化和破损,连接销、开口销完好,无折损。
e. 向拖车轴的减振弹簧座加注润滑脂。

⑤中心销防尘套无破损,固定正常。

7. 测量系统

各测量小车水平、垂直加载正常(保证水平加载到位,各测量轮无跳动)。依次操纵各控制按钮、旋钮,相应测量小车的动作符合功能要求。检测小车的升降汽缸及加载汽缸的销轴加注润滑油。

8. 激光准直系统

(1)调整和检查激光光束平行度,光带宽度要求如下:
①A 型发射器为 18~22mm(100m 处)。
②B 型发射器为 12~16mm(200m 处)。
③C 型发射器为 8~15mm(100m 处)。调至光点状态时,光斑应为亮度分布均匀的圆形光斑,调至光条状态时,光条往复循环应重合,无明显分离现象。

(2)调整和检查激光发射器瞄准镜。将激光发射器调至光点状态,从瞄准镜目镜中观察 200m 处的圆光斑应落在十字丝交点处。自动跟踪性能正常。

(3)调整和检查位移传感器,B4 箱上"拨道数字表"的显示值应与跟踪架上刻度尺指示值一致。

(4)分别进行左、右加载的零点检查,必要时调整激光发射小车的零点位置,并将标尺移至相应的位置。

(5)B4 箱上的接收指示灯和捣固车前端指示灯损坏时,更换发光二极管或灯泡。

9. 附属装置

排障器、各防护装置、接地导线、扭矩支座等安装牢固、无损伤。排障器距轨面高度符合规定要求,排障器挡板宽度方向应与轨面垂直。

10. 针对性保养

针对性保养就是除日常保养和定期保养外,根据机械的技术状况和使用情况而采取的针对性较强的保养,包括:机械停放保养、工地转移保养、磨合保养和封存保养。

(1)机械停放保养。机械停放不使用,超过一周时,每周应进行检查保养,内容包括:

①完成检查保养的全部工作。

②起动发动机运转15～20min。

③使各工作装置在作业工况下进行空载运转,以使各摩擦零部件表面形成一定的油膜。

(2)工地转移保养:

①工地转移前的保养。为了保证行车安全,在工地转移前对机械进行全面的检查保养,内容包括:

a. 对动力传动及走行制动系统按定期检查保养内容进行一次保养。

b. 检查制动闸瓦,调整闸瓦间隙。

c. 进行单机制动和连挂制动试风试闸。

d. 对各工作装置和测量小车的锁定进行加固。

e. 检查并补足各车轴齿轮箱、分动箱、过桥传动轴箱的油位。

②工地转移后的检查保养。到达新工地后,开始工作前,必须再次进行保养:

a. 解除各工作装置和测量小车的加固措施。

b. 对测量系统的检测精度进行检查,必要时进行校正。

c. 根据作业线路的钢轨类型,调整夹轨钳滚轮与钢轨之间的间距。

(3)磨合保养。新机械或是大修后的机械,机械使用寿命与工作性能,在很大程度上取决于初期磨合的质量,因此,必须注意机械在磨合期的保养。磨合期一般定为50h,发动机的磨合期为200h。

磨合期的保养内容如下:

①发动机起动后转速不能过高或过低,应维持怠速运转10min以上。待发动机温度上升后,才允许带负荷运转或是起步行驶,所带负荷不得超过额定负荷的75%～80%,最高自行速度不得超过60km/h。

②在磨合期,应经常注意检查各部件连接有无松动,传动部件的润滑及运转情况是否正常。发现异常应随时加以紧固或调整。

③磨合期满必须更换机油、机油滤清器,检查缸盖上进排气管的紧固状态,检查空气滤清器的橡胶管和卡箍是否连接紧密,再次拧紧机油的放油螺塞和发动机支架固定螺栓。

(4)封存保养。封存保养是机械在封存期内的保养。封存保养每月一次,保养内容与机械停放保养的内容相同。

练习题

1. 设备管理的意义和任务是什么?
2. 设备综合管理的特点是什么?

3. 使用机械动力设备"三好"、"四会"的内容是什么？
4. 班组管理大型养路机械的职责是什么？
5. 设备事故"四不放过"的内容是什么？
6. 大型养路机械保养分为哪几类？保养的时间周期是怎么规定的。
7. 大型养路机械针对性保养包括哪些内容？

单元六

安 全 管 理

【知识目标】
1. 熟悉铁路交通事故与分类;
2. 掌握施工安全准则;
3. 掌握运行安全准则;
4. 掌握作业安全准则;
5. 掌握线路大修应急处理方法;
6. 熟悉检修及驻地安全标准。

【能力目标】
1. 能够区分铁路交通事故的类型与标准;
2. 能够说明两种以上的设备作业安全准则及要求;
3. 掌握两种以上的设备检修及驻地安全规范。

安全,顾名思义,"无危则安,无缺则全",即安全意味着没有危险而尽善尽美,这是与人的传统的安全观念相吻合的。随着对安全问题研究的逐步深入,人类对安全的概念有了更深的认识,并从不同的角度给它下了各种定义。

(1)安全是指客观事物的危险程度能够为人们普遍接受的状态;

(2)安全是指没有引起死亡、伤害或财产、设备的损坏环境危害的条件。

(3)安全是指不因人、机、媒介的相互作用而导致系统损失、人员伤害、任务受影响或造成时间的损失。

铁路运输过程中,凡因违反规章制度、违反劳动纪律、技术设备不良及其他原因,在行车中造成人员伤亡、设备损坏、经济损失、影响正常行车或危及行车安全的,均构成交通事故。大型养路机械使用部门不仅存在大型机械在线路运行过程中可能造成的交通事故,而且还可能存在由于施工质量不良,对由其引起的列车运行事故负有全部责任或主要责任,影响本部门的安全成绩和经济效益。本单元将介绍大型养路机械相关的交通事故方面的内容。

学习项目一　铁路交通事故与分类

根据国务院 2007 年发布的《铁路交通事故应急救援和调查处理条例》(国令第 501 号)和 2012 年发布的《国务院关于修改和废止部分行政法规的决定》(国令第 628 号),原铁道部制定了《铁路交通事故调查处理规则》。因此,我们有必要对铁路交通事故的分类及构成条件等有所了解。

▶▶ 一、设备事故的级别划分

设备事故按其损坏程度对生产造成损失的大小和修理费用多少可划分为 5 个不同的级别,即特大设备事故、重大设备事故、大设备事故、一般设备事故和小设备事故。其划分标准如下:

1. 特别重大事故

凡达到下列情况之一,为特别重大事故:

(1)造成 30 人以上死亡。

(2)造成 100 人以上重伤(包括急性工业中毒,下同)。

(3)造成 1 亿元以上直接经济损失。

(4)繁忙干线客运列车脱轨 18 辆以上并中断铁路行车 48h 以上。

(5)繁忙干线货运列车脱轨 60 辆以上并中断铁路行车 48h 以上。

2. 重大事故

凡达到下列情况之一,为重大事故:

(1)造成 10 人以上 30 人以下死亡。

(2)造成 50 人以上 100 人以下重伤。

(3)造成 5000 万元以上 1 亿元以下直接经济损失。

(4)客运列车脱轨 18 辆以上。

(5)货运列车脱轨 60 辆以上。

(6)客运列车脱轨 2 辆以上 18 辆以下,并中断繁忙干线铁路行车 24h 以上或者中断其他线路铁路行车 48h 以上。

(7)货运列车脱轨 6 辆以上 60 辆以下,并中断繁忙干线铁路行车 24h 以上或者中断其他线路铁路行车 48h 以上。

3. 较大事故

凡达到下列情况之一,为较大事故:

(1)造成 3 人以上 10 人以下死亡。

(2)造成 10 人以上 50 人以下重伤。

(3)造成 1000 万元以上 5000 万元以下直接经济损失。

(4)客运列车脱轨 2 辆以上 18 辆以下。

(5)货运列车脱轨 6 辆以上 60 辆以下。

(6)中断繁忙干线铁路行车 6h 以上。

(7)中断其他线路铁路行车 10h 以上。

4. 一般事故

一般事故分为:一般 A 类事故、一般 B 类事故、一般 C 类事故、一般 D 类事故。

(1)凡达到下列情况之一,未构成较大以上事故的,为一般 A 类事故:

A1. 造成 2 人死亡。

A2. 造成 5 人以上 10 人以下重伤。

A3. 造成 500 万元以上 1000 万元以下直接经济损失。

A4. 列车及调车作业中发生冲突、脱轨、火灾、爆炸、相撞,造成下列后果之一的:

A4.1 繁忙干线双线之一线或单线行车中断 3h 以上 6h 以下,双线行车中断 2h 以上 6h 以下。

A4.2 其他线路双线之一线或单线行车中断 6h 以上 10h 以下,双线行车中断 3h 以上 10h 以下。

A4.3 客运列车耽误本列 4h 以上。

A4.4 客运列车脱轨 1 辆。

A4.5 客运列车中途摘车 2 辆以上。

A4.6 客车报废 1 辆或大破 2 辆以上。

A4.7 机车大破 1 台以上。

A4.8 动车组中破 1 辆以上。

A4.9 货运列车脱轨 4 辆以上 6 辆以下。

(2)凡达到下列情况之一,未构成一般 A 类以上事故的,为一般 B 类事故:

B1. 造成 1 人死亡。

B2. 造成 5 人以下重伤。

B3. 造成 100 万元以上 500 万元以下直接经济损失。

B4. 列车及调车作业中发生冲突、脱轨、火灾、爆炸、相撞,造成下列后果之一的:

B4.1 繁忙干线行车中断 1h 以上。

B4.2 其他线路行车中断 2h 以上。

B4.3 客运列车耽误本列 1h 以上。

B4.4 客运列车中途摘车 1 辆。

B4.5 客车大破 1 辆。

B4.6 机车中破 1 台。

B4.7 货运列车脱轨 2 辆以上 4 辆以下。

(3)凡达到下列情况之一,未构成一般 B 类以上事故的,为一般 C 类事故:

C1. 列车冲突。

C2. 货运列车脱轨。

C3. 列车火灾。

C4. 列车爆炸。

C5. 列车相撞。

C6. 向占用区间发出列车。

C7. 向占用线接入列车。

C8. 未准备好进路接、发列车。

C9. 未办或错办闭塞发出列车。

C10. 列车冒进信号或越过警冲标。

C11. 机车车辆溜入区间或站内。

C12. 列车中机车车辆断轴,车轮崩裂,制动梁、下拉杆、交叉杆等部件脱落。

C13. 列车运行中碰撞轻型车辆、小车、施工机械、机具、防护栅栏等设备设施或路料、坍体、落石。

C14. 接触网接触线断线、倒杆或塌网。

C15. 关闭折角塞门发出列车或运行中关闭折角塞门。

C16. 列车运行中刮坏行车设备设施。

C17. 列车运行中设备设施、装载货物(包括行包、邮件)、装载加固材料(或装置)超限(含按超限货物办理超过电报批准尺寸的)或坠落。

C18. 装载超限货物的车辆按装载普通货物的车辆编入列车。

C19. 电力机车、动车组带电进入停电区。

C20. 错误向停电区段的接触网供电。

C21. 电化区段攀爬车顶耽误列车。

C22. 客运列车分离。

C23. 发生冲突、脱轨的机车车辆未按规定检查鉴定编入列车。

C24. 无调度命令施工,超范围施工,超范围维修作业。

C25. 漏发、错发、漏传、错传调度命令导致列车超速运行。

(4)凡达到下列情况之一,未构成一般 C 类以上事故的,为一般 D 类事故:

D1. 调车冲突。

D2. 调车脱轨。

D3. 挤道岔。

D4. 调车相撞。

D5. 错办或未及时办理信号致使列车停车。

D6. 错办行车凭证发车或耽误列车。

D7. 调车作业碰轧脱轨器、防护信号,或未撤防护信号动车。

D8. 货运列车分离。

D9. 施工、检修、清扫设备耽误列车。

D10. 作业人员违反劳动纪律、作业纪律耽误列车。

D11. 滥用紧急制动阀耽误列车。
D12. 擅自发车、开车、停车、错办通过或在区间乘降所错误通过。
D13. 列车拉铁鞋开车。
D14. 漏发、错发、漏传、错传调度命令耽误列车。
D15. 错误操纵、使用行车设备耽误列车。
D16. 使用轻型车辆、小车及施工机械耽误列车。
D17. 应安装列尾装置而未安装发出列车。
D18. 行包、邮件装卸作业耽误列车。
D19. 电力机车、动车组错误进入无接触网线路。
D20. 列车上工作人员往外抛掷物体造成人员伤害或设备损坏。
D21. 行车设备故障耽误本列客运列车 1h 以上,或耽误本列货运列车 2h 以上;固定设备故障延时影响正常行车 2h 以上(仅指正线)。

二、设备事故的危害

设备事故是对生产力的破坏,它直接妨碍生产的正常进行。由于设备事故会造成停产、减少产量、损坏财产、人身伤亡,使单位遭受巨大的经济损失。因此,我们要注意加强防范,对于已经发生的设备事故要做好分析总结,吸取教训。同时,随着社会、经济的不断发展,铁路运输高速、重载等模式日益增加,出现事故的因素会逐渐显露。交通运输法律法规方面也在不断健全,设备发生重大事故将会追究责任者的法律责任。

三、管理职责

大型养路机械安全管理(或事故管理)是为了保证线路修理工作安全进行而按一定制度组织和使用人力、物力等各种资源的过程。通过管理机能来控制设备使用、施工组织和人等不安全行为因素,避免发生意外事故,确保施工人员的人身安全、大型养路机械的设备安全、线路状况的安全及铁路其他附属设施的安全。目的是通过反复实践制定出最佳的安全保障方案和管理措施,使大型养路机械施工企业的意外损失降到最低,从而取得最佳的经济效益。近年来,全路大面积调图提速工作不断进行,这对大型养路机械的施工管理、施工质量、施工组织等各方面提出了更高的要求。只有做好大型养路机械的安全管理工作,才能尽快适应提速后的线路车流密度大,客、货列车速度快,作业质量要求高等生产条件和生产要素变化的实际,更好地完成各项施工生产任务。

设备事故管理是全员的管理,同时也是全过程的管理。因此,必须要高度重视,严格执行设备各项规程和各项管理制度,在事故发生之后,应按照有关的规定,做好相关工作。

铁路交通事故分类如表 6-1 所示。

四、下列为设备事故

下列情况,不列为设备事故:
(1)因设备技术状况不好而安排的临时检修。
(2)凡计划检修和"点检"发现问题而安排的检修。
(3)生产过程中设备的安全保护装置正常动作和安全件损坏使生产中断者。
(4)不可抗拒的自然灾害,造成设备损坏,使生产中断者。

表 6-1

铁路交通事故分类表

类别	特别重大事故	重大事故	较大事故	一般 A 类	一般 B 类	一般 C 类	一般 D 类
人员死亡	(1)造成 30 人以上死亡	(1)造成 10 人以上 30 人以下死亡	(1)造成 3 人以上 10 人以下死亡	A1. 造成 2 人死亡	B1. 造成 1 人死亡	C1. 列车冲突	D1. 调车冲突
人员重伤	(2)造成 100 人以上重伤(包括急性工业中毒,下同)	(2)造成 50 人以上 100 人以下重伤	(2)造成 10 人以上 50 人以下重伤	A2. 造成 5 人以上 10 人以下重伤	B2. 造成 5 人以下重伤	C2. 货运列车脱轨	D2. 调车脱轨
经济损失	(3)造成 1 亿元以上直接经济损失	(3)造成 5000 万元以上 1 亿元以下直接经济损失	(3)造成 1000 万元以上 5000 万元以下直接经济损失	A3. 造成 500 万元以上 1000 万元以下直接经济损失	B3. 造成 100 万元以上 500 万元以下直接经济损失	C3. 列车火灾	D3. 挤道岔
客运脱轨或中断	(4)繁忙干线客运列车脱轨 18 辆以上并中断繁忙干线铁路行车 48h 以上	(4)客运列车脱轨 2 辆以上 18 辆以下,并中断繁忙干线铁路行车 24h 以上或者中断其他线路铁路行车 48h 以下	(6)中断繁忙干线铁路行车 6h 以上	A4.1 繁忙干线双线之一线或单线铁路行车中断 3h 以上 6h 以下,双线行车 2h 以上 6h 以下	B4.1 繁忙干线双线行车中断 1h 以上	C4. 列车爆炸	D4. 调车相撞
			(7)中断其他线路铁路行车 10h 以上	A4.2 其他线路双线之一线或单线铁路行车中断 6h 以上 10h 以下,双线行车 3h 以上 10h 以下	B4.2 其他线路双线行车中断 2h 以上	C5. 列车相撞	D5. 错办或未及时办信号致使列车停车
			(4)客运列车脱轨 2 辆以上 18 辆以下	A4.4 客运列车脱轨 1 辆		C6. 向占用区间发出列车	D6. 错办行车凭证发车或调车信号误发列车
货运脱轨或中断	(5)繁忙干线货运列车脱轨 60 辆以上并中断繁忙干线铁路行车 24h 以上或者中断其他线路铁路行车 48h 以上	(5)货运列车脱轨 6 辆以上 60 辆以下,并中断繁忙干线铁路行车 24h 以上或者中断其他线路铁路行车 48h 以下	(5)货运列车脱轨 6 辆以上 60 辆以下	A4.9 货运列车脱轨 4 辆以上 6 辆以下	B4.7 货运列车脱轨 2 辆以上 4 辆以下	C7. 向占用线接入列车	D7. 调车作业碰轧脱轨器、防护信号,或未撤防护信号动车
货运脱轨		(5)货运列车脱轨 60 辆以上					

续上表

类别	特别重大事故	重大事故	较大事故	一般A类	一般B类	一般C类	一般D类
中途摘车				A4.5 客运列车中途摘车2辆以上	B4.4 客运列车中途摘车1辆	C8. 未准备好进路接、发列车	D8. 货运列车分离
客车损坏				A4.6 客车报废1辆或大破2辆以上	B4.5 客车大破1辆	C9. 未办或错办闭塞发出列车	D9. 施工、检修、清扫设备耽误列车
机车损坏				A4.7 机车大破1台以上	B4.6 机车中破1台	C10. 列车冒进信号或越过警冲标	D10. 作业人员违反劳动纪律、作业纪律耽误列车
动车损坏				A4.8 动车组中破1辆以上		C11. 机车车辆溜入区间或站内	D11. 滥用紧急制动阀耽误列车
耽误列车				A4.3 客运列车耽误本列4h以上	B4.3 客运列车耽误本列1h以上	C12. 列车中机车车辆断轴、车轮崩裂、制动梁、下拉杆、交叉杆等部件脱落	D12. 擅自发车、开车、停车，错办通过或在区间降所错误通过
						C13. 列车运行中碰撞轻型车辆、小车、施工机械、机具、防护栅栏等设备设施或路料、塌体、落石	D13. 列车拉铁鞋耽误开车
						C14. 接触网接触线断线、倒杆或塌网	D14. 漏发、错发、漏传、错传调度命令耽误列车
						C15. 关闭型折角塞门发出列车或运行中关闭折角塞门	D15. 错误操纵、使用行车设备耽误列车
						C16. 列车运行中刮坏车设备设施	D16. 使用轻型车辆、小车及施工机械耽误列车

续上表

类别	特别重大事故	重大事故	较大事故	一般 A 类	一般 B 类	一般 C 类	一般 D 类
						C17. 列车运行中设备设施、装载货物（包括行包、邮件）、装载加固材料（或装置）超限（含按超限货物办理超过电报批准尺寸的）或坠落	D17. 应装列尾装置而未安装发出列车
						C18. 装载超限货物的车辆按装载普通货物的车辆编挂人列车	D18. 行包、邮件装卸作业违误列车
						C19. 电力机车、动车组带电进入停电区	D19. 电力机车、动车组误入无接触网线路
						C20. 错误向停电区段的接触网供电	D20. 列车上工作人员在外抛掷物体造成人员伤害或设备损坏
						C21. 电化区段攀爬车顶耽误列车	D21. 行车设备故障耽误本列客运列车 1h 以上，或耽误本列货运列车 2h 以上：固定设备故障延时影响正常行车 2h 以上（仅指正线）
						C22. 客运列车分离	
						C23. 发生冲突、脱轨的机车车辆未按规定检查鉴定编入列车	
						C24. 无调调命令施工、超范围命令范围维修作业	
						C25. 漏发、错发、漏传错传调度命令导致列车超速运行	

▶▶ 五、设备事故管理中的有关事项

1. 设备事故的分级管理

工务机械段由机械设备科归口管理,车间由技术员归口管理,对设备事故的管理,做到数据完整、报表齐全,并按规定时间上报。

2. 事故处理的原则

设备事故的处理要坚持"四不放过"的原则。

3. 注意防范事故隐患

事故隐患的存在是导致事故发生的重要原因,事故管理要贯彻"预防为主"的原则,就必须铲除一切事故隐患,方能防止事故重演。

(1)设备操作中的隐患。主要是指违反设备的操作规程所进行的各种违章作业,如超负荷运行、冒险作业、不按程序使用等。

(2)维护保养中的隐患。在维护方面主要还是操作人员日常工作中"三好、四会"没有到位;保养方面主要是保养项目不全,日渐成疾。

(3)检查修理中的隐患。主要反映在设备故障检查技术差,一些小问题不能及时发现和排除,长期积累成大问题;再就是修理的质量差,仍然留有安全隐患的根苗;另外就是为了抢生产任务,设备带病运行,长期失修引发事故。

(4)设备制造中的隐患。由于设计不合理或者制造材质不合要求,也有在合理时,用了质量差的备件,这些都是设备内在的隐患问题。

(5)其他隐患因素。比如环境因素及操作者疏忽等。

4. 事故损失计算

对事故造成损失进行统计计算,设备事故的损失包括修复费及减产损失。修复费包括新换的备品、备件、材料及人工费等。减产损失包括设备每天的正常产值乘以维修误工天数。

▶▶ 六、设备事故报告和分析规定

1. 设备事故的报告

(1)设备发生特大、重大和大设备事故,要保护好现场,立即报告车间主任、设备科和主管段长。设备科长、车间主任和设备技术员,调查损坏情况,拍照备案,并提出抢修方案,由主管段长主持抢修工作。

(2)一般事故及小设备事故发生后,由车间主任和设备技术员主持抢修和组织事故分析,并在24h内由车间报设备科。

(3)各车间主任每月要进行设备安全事故方面的总结分析,并上报设备科。

2. 设备事故分析

(1)设备事故分析。特大、重大和大设备事故由主管段长或设备科长主持,设备科主管工程师、车间主任、设备技术员及事故所在工班有关人员参加,时间安排在事故发生后和抢修完后的一周内进行,经过分析必须查明性质、原因,明确事故损失、责任者,找出应吸取的教训及防范措施。

(2)一般事故由车间主任主持,设备科主管工程师及车间设备技术员和有关工班长以及当事者参加进行分析,经过分析必须查明事故发生的原因、性质、损失和责任者,并订出防范措施。

七、设备事故预防管理

(1)为了保证设备的正常运行,杜绝事故的发生,必须认真对每一台设备制订使用、维护、检修3大规程,并严格按规程的规定执行,定期校验各类安全保护装置,定期维护各项监测仪器仪表,使之达到灵活可靠。

(2)各级生产指挥人员应改变重生产、轻设备的思想,必须坚决制止违章冒险作业、超负荷和带病运行等不正常现象。

(3)认真贯彻执行"点检"、"预修"制度,把每一台设备的检查点排列成表,明确检查点的检查周期、检查部位、检查内容、职责范围和落实到人并填写点检记录。发现异常现象,该操作者应立即处理,操作者不能处理的,向维修人员和领导反映及时处理,不得拖延,如一时不能处理,应作预修计划,定期处理。

(4)必须认真执行设备润滑制度,每一台设备都应绘制润滑图和编制润滑表,落实"五定"(即定点、定时、定质、定量、定人)根据润滑表,开展润滑工作。

(5)设备操作人员在日常工作中要做到"三好"、"四会"。使事故消灭在萌芽中。

(6)工务机械段各级领导者要高度重视对设备事故的管理,落实好"安全第一,预防为主"的方针,实行全员、全过程的管理,加强对职工的技术培训和安全生产教育,严格督察设备管理各项规程、制度的执行情况。

案例分析

案例1 2003年"5·21"湘黔线1528次旅客列车脱轨行车大事故

1. 事故概况

2003年5月21日10时41分,怀化开往上海的1528次旅客列车(编组16辆,总重877t,换长38.1m;由××总公司××客运段担任客运值乘,由××机务段SS7C0103号机车担任本务),行至湘黔线辰溪至大江口间上行线桐树坡一号隧道内K379+882处,撞上怀化工务段炭沟工区单轨车停车,10时56分继续运行,11时12分行至大江口站K364+930m(6号道岔)处,机后第3位YZ25G45221号车2位转向架3、4轮对脱轨,列车停于站内Ⅱ道K364+210处。无人员伤亡,摘下脱轨车辆重新编挂后14时45分开,延误本列3h 32min。构成旅客列车脱轨大事故。

2. 事故原因及教训

(1)2003年5月21日8时10分~10时10分,××工务段大江口领工区计划利用综合"天窗"进行线路维修保养作业,由炭沟工区在湘黔线辰溪至大江口间K377+00至K382+700间进行撤垫、抬道作业。但炭沟工区工长××随意变更作业计划,安排自己和另1名职工带领3名合同工在K379+14号轨和K379+18号轨间进行抽换枕木作业,并违章使用单轨车。10时26分作业完毕,工长和1名合同工留在现场整理线路外观,安排职工1名带合同工2人推单轨车返回工区,单轨车上装有压机2台、撬棍1根、钢钎2根。10时41分单轨车推行到辰溪至大江口间上行线桐树坡1号隧道内K379+882处发现列车开来,急忙将单轨车翻倒,侵入限界,被1528次旅客列车撞上停车。撞散的单轨车残骸卷入机后第3位YZ25G45221号车2位转向架上,当时没有认真检查,10时56分列车重新开车,运行至大江口站6号道岔处,悬挂在机后第3位车转向架上的单轨车残骸碰撞道岔杆件脱落,导致车轮碾压脱轨。

(2)养路工区违章使用单轨车。使用单轨车,必须向工务段调度申请,经段调度备注批准,给工牌号后方可使用。炭沟工区在未经申请与批准的情况下,擅自使用单轨车。

(3)未按规定设置防护。使用单轨车上道必须设置防护,炭沟工区在使用单轨车时没有设置防护员,违反了《铁路技术管理规程》、《铁路工务安全规则》的有关规定。在长达1186m的桐树坡1号隧道内既未带电台,又不设置安全防护员,无法按规定在列车到达之前将单轨车安全撤出限界以外,导致事故的发生。

(4)安全意识淡薄。1528次旅客列车在桐树坡1号隧道内撞上单轨车后,施工作业人员、机车乘务员、运转车长、列车乘务列检根本没有意识到问题的严重性和可能造成的后果,没有对线路和车辆进行彻底检查,情况不明就盲目开车。工区工长明知单轨车被撞,没有认真检查单轨车情况,机车乘务员在撞上单轨车停车后未按规定及时通知运转车长,运转车长在列车区间停车10min,判明停车原因的情况下不及时与司机联系,违反了《铁路技术管理规程》、《铁路行车组织规则》的有关规定。

(5)现场作业失控。大江口领工区炭沟工区工长擅自变更作业计划并违章使用单轨车,未按规定向领工区、工务段调度申请,工务段、领工区对现场作业情况不明,完全处于失控状态。

3.事故责任

事故列××工务段全部责任。

案例2 孟宝线K206次旅客列车在有人看守道口与汽车相撞较大事故

1.事故概况

2009年9月27日,××机务段DF110294号机车牵引K206次旅客列车(编组18辆。总重991t,换长42.9m)18时34分平顶山东站3道通过,18时40分运行至孟宝线平顶山东——前聂间K56+561辛店有人看守道口处,与一辆由北向南行驶的黑色红旗轿车相撞,跟随其后的银灰色五菱微型客车由于向前滑行侵限与机后第10位车辆刮上,K206次列车在K56+100处停车。造成死亡3人,伤1人。黑色红旗轿车(豫D05286)损毁报废;银灰色五菱微型客车(豫KF1260)车头受损,DF110294号机车Ⅰ端排障器裙行板变形下沉,排石器破损,运行方向右侧速度传感器损坏。影响行车1h 38min。构成铁路交通较大事故。

2.事故原因及教训

(1)黑色红旗轿车驾驶员饮酒后驾车通过道口时,没有注意道口信号机显示的禁行信号和报警音响,在看到南侧道口工已拦停相对方向机动车的情况下,仍然违法由道口北侧抢越。

(2)××工务段辛店道口当班道口工,违反劳动纪律、作业标准。

3.教训

(1)对机动车驾驶员通过铁路道口的安全宣传教育力度不够。

(2)××工务段对道口安全管理工作重视不够。
(3)职工两纪松弛,有章不循。

4.采取措施

(1)切实加强对机动车司机的安全知识教育。
(2)严格落实作业标准。
(3)认真落实干部包保制度、干部添乘制度、干部监督检查制度,真正发挥包保干部的作用,对未认真落实包保干部职责的,要严肃追究责任。

案例3　××机务段"12·6"机车乘务员被列车相撞死亡铁路交通一般A1类事故

1.事故概况

2012年12月6日,××机务段根据铁道部运装机运电(2011)3302号要求,分别安排了运用车间司机××(负责人)、××,学习司机××等共计10机车乘务员,从新乡出发负责到大同厂押运5台无火机车的接车回段工作。11月30日大同厂拍发无火回送电报。11月30日18时15分从大同厂出厂,12月1日18时40分从大同站开车,23时23分停于张家口南站,乘务员停车检查机车走行部时发现HXD2C0211机车左1、2、3,右4、5轮抱闸,经大同厂技术人员在张家口南站现场处理后,大同厂再次拍发无火回送电报,于12月3日14时20分从张家口南站开车,17时25分运行至官厅站3道停车,乘务员检查机车时再次发现HXD2C0211机车抱闸,乘务员将情况及时向官厅车站及本段调度室汇报。12月4日2时左右本务机车摘走,押运的5台机车保留。12月6日23时30分,××机务段学习司机××和××在机车保留期间外出吃饭饮酒后,在返回机车途中上道侵入限界被64118次货物列车相撞身亡。

2.事故原因及教训原因

(1)××机务段学习司机××和××违反《郑州铁路局防止职工伤亡事故措施》(郑铁安〔2008〕190号)第一款每个职工必须做到:第1条"接班前要充分休息,严禁饮酒"和第5条"严禁在钢轨上、枕木头、道心坐卧和站立,或在车底下避雨、乘凉、休息"的规定。在机车保留期间外出吃饭饮酒,在返回官厅站内违章坐在钢轨上,被通过的64118次货物列车相撞身亡。
(2)××运用车间接车组长××,对本组接车人员要求不严,管理严重失职。
(3)××机务段在全面推行安全风险控制体系建设中,对影响劳动安全的风险未能得到有效控制。

3.教训

2名职工的死亡,致使两个完整的家庭支离破碎,给职工家庭带来无法弥补的灾难和痛苦,应进一步强化职工劳动安全管理。

4.采取措施

(1)迅速将"12·6"职工死亡事故记名传达至每位干部职工,要求干部职工进行深刻反思,牢固树立"违章就是犯罪、违章就是杀人、违章就是自杀"的理念。
(2)牢固树立"人命关天,安全第一"的思想。
(3)组织干部职工进行劳动安全法律、法规和规章制度、措施办法的学习培训,并进行一次全员劳动安全知识的考试,提高安全责任意识和遵章守纪守法的自觉性。将安全知识融入全体干部、职工脑海,并贯穿安全生产的全过程。

(4)深化安全风险管理,提高劳动安全管理水平。

案例4 ××工务段"12·16"车辆伤害责任铁路交通一般B1类事故

1. 事故概况

2008年12月16日1时10分至4时30分,××工务段在沪昆线松江至石湖荡间下行线K56+500至K61+000处利用P95大修列车进行更换混凝土枕封锁施工。线二工班一名职工带4名劳务工负责龙门口钢轨切割及电容枕的插入作业,3时43分,当施工至K59+720处切割龙口附近时,该职工由南向北钻越大修列车去两线间取快速夹具时身体侵限,被上行线通过的K528次列车撞击,当场死亡。

2. 原因分析

(1)职工自身安全意识淡漠。该职工在配合P95大修列车作业中,违反"在通过桥梁、道口或横越线路时,应做到一停、二看、三通过"等基本规章制度,在邻线列车通过时盲目钻越线路,侵入限界,是发生事故的直接原因。

(2)基本防护制度不落实。

①在环境嘈杂的大修列车车挡内作业,且存在邻线车辆、切割机具等伤害可能的环境中作业,没有采取针对性防范措施。

②分散作业点的安全防护失效。对龙门作业未安排专职防护人员,也未建立与现场防护员间安全联控办法。

③施工负责人没有认真安排施工防护,施工前没有执行路局施工"二图一表"的规定,对现场防护员站位布置不当,造成防护盲区。是发生事故的重要原因。

(3)施工安全预想不充分。××工务段作为施工主体单位,利用P95大修列车进行换枕封锁施工为首次,段领导、专业管理部门和生产车间对施工人身安全潜在的隐患没有引起足够的重视,对安全关键环节缺乏系统了解,作业的流程、安全重点和关键不掌握,安全预想不充分,制定的安全措施不具体,缺乏针对性,职工培训教育不到位,是发生事故的管理原因。

(4)现场安全盯控措施不落实。××工务段未指派足够的专业管理人员加强指导与监督把关;车间也未能对现场关键作业点加强监控,现场监督管理不力。事发当时,切出龙口附近就有段、车间领导在场把关,但作业小组的作业行为并未得到有效监控,是发生事故的又一管理原因。

3. 事故定性定责

依据《铁路交通事故调查处理规则》第十三条规定,本起事故构成责任铁路交通一般B1事故。

定××工务段责任事故。

案例5 兰新线火焰山——七泉湖间养路机械车组相撞一般B1类事故

1. 事故概况

2009年4月27日2时20分至6时40分,××工务机械段9台捣固车、3台稳定车计12台机组,在兰新上行线火焰山——七泉湖间K1649+000～K1675+321、七泉湖站内正线及七泉湖——煤窑沟间上行线K1675+321～K1687+000进行大型养路机械联合集中维修作业。作业完毕后,WD04号与DG08号连挂、DG05号与DG09号连挂,分两组向七泉湖站返回途中,6时30分前行车本务DG09号车司机误停于K1761+230处,6时35分后续运行车本务DG08号车司机发现运行前方停有DG05、DG09机械车,立即采取了紧急制动措施,停车不及与之相撞,造成DG08前台车和DG05材料小车轮对脱轨。造成死亡1人,轻伤3人;大型养路机械车小破2辆。中断兰新线上行线5h 50min。构成铁路交通一般B类事故。

2.事故原因及教训

(1)规章制定漏洞。
(2)规章概念不清,规定不准确。
(3)施工组织方案不细不严谨。
(4)瞭望不彻底,超速运行。

3.教训

(1)认识不到位。
(2)规章标准管理滞后,基础薄弱。
(3)专业管理能力低,岗位履职不到位。
(4)施工组织管理混乱。
(5)设备管理存在较多漏洞。
(6)关键时段安全关键点控制度失控。
(7)夜间施工人员班次安排存在不尽合理问题。
(8)对夜间施工计划的科学性需进一步探索研究。

4.事故责任

事故列××工务机械段全部责任。

5.采取措施

在全局深入开展为期3个月的施工安全专项整治活动。自5月1日至7月31日在全局范围内开展为期3个月的施工安全专项整治活动。全局各单位、各部门必须进行认真思考,深入开展吸取"4·27"事故教训的大反思活动,分析本系统、本部门存在的问题点,要吸取以往的事故教训,认真履行职责,切实加强对施工安全的管理,加大检查监管力度。通过施工安全专项整治,认真梳理影响施工安全的关键环节、重点部位,分层分级建立关键环节的控制措施,不折不扣地抓好落实。

案例6 ××车站"12·1"职工死亡铁路交通一般B1类事故

1.事故概况

2012年12月1日13时45分,××车站南陈铺站连接员××(男,31岁),在南陈铺站石渣厂专用线调车顶送作业过程中,被车辆和站台挤压,送医院途中死亡。构成铁路交通一般B1类事故。

2.事故原因及教训

(1)联结员××在调车作业过程中,违反《郑州铁路局防止职工伤亡事故措施》(郑铁安〔2008〕190号)第二款第一条车务部门职工必须做到:调车作业人员"在路肩窄、路基高的线路上和高度超过1.1米的站台上作业时,以及雾雪暴雨天气不便于瞭望时,必须停车上下"

的规定;同时,违反南陈铺站《车站站台安全作业细则》第83条"货物线、段管线、岔线取送车办法"中第五款第二条"出入专用线的取送车时,严禁调车人员在高站台一侧作业"的规定,在调车顶送作业时违章站在高站台一侧,被车辆和高站台挤压,造成死亡。

(2)调车长××在调车作业过程中,违反《铁路技术管理规程》第223条"调车长在调车作业前,必须亲自督促组内人员充分做好准备,认真进行检查。在作业中应做到:负责调车作业人员的人身安全和行车安全"的规定,作业过程中安全措施不落实,互控不到位,对组内作业人员作业位置不清,未能及时发现制止张雷的违章作业行为。

(3)××车站在全面推行安全风险控制体系建设中,对影响劳动安全的风险未能得到有效控制。

3. 教训

职工劳动安全管理不到位。

4. 采取措施

牢固树立"以人为本"的理念,加强对劳动安全的管理,要迅速将这起事故通报传达至每位干部职工,从血的教训中认真反思工作中存在的差距,全面细致地排查和深挖安全隐患和管理漏洞;在此基础上,进一步加强安全风险管理,完善劳动安全卡控措施,并切实抓好职工作业各项安全措施的落实,确保现场作业职工劳动安全。

案例7 2010年"3·29"××客专维修基地施工影响行车铁路交通一般C类事故

1. 事故概况

2010年3月29日6时20分,××客运专线基础设施维修基地使用DG105号机组在京广线罗家渡—坪石站间上行线K1960+550~K1966+500处由北往南进行大机线路捣固作业,在越过216♯—206♯道岔群(该岔群不作业)时,行至206/208、210/212♯交叉渡线道岔,因捣固车控制左侧夯拍器动作的液压电磁阀阀体堵塞导致左侧夯拍器未提起(仍处于作业位),擦上208—210DG与206—212DG交叉渡线绝缘,致使208—210DG闪红光带,南场Ⅰ道ⅩⅡ—Ⅰ出站信号恢复,造成坪石站南场正线Ⅰ道通过的X277次越过出站信号机332m停在区间K1961+735处,6时24分开。构成铁路交通一般C类事故。

2. 事故原因及教训

DG105号车夯拍器"提升、下降"的控制电磁换向阀阀芯意外错位卡死导致左侧夯拍器擦碰道岔上的绝缘接头是事故发生的直接原因;机组作业人员对新设备运用的安全预想不充分,安全防范意识不强,经验不足,对新设备可能发生的意外故障心中无数,导致作业过程中没有认真监控夯拍器的作业状态,特别是跳过道岔前,没有认真检查作业装置的安全状态,盲目动车,作业人员检查防范不到位,是事故的主要原因。

3. 事故责任

事故列××客专维修基地全部责任。

案例8 2010年"7·28"××客专维修基地施工影响行车铁路交通一般C类事故

1. 事故概况

2010年7月28日20时25分~23时25分,××客专维修基地在沪昆下行线冷水铺至波州间 K1596＋200～K1614＋000 处进行大机捣固及配砟施工,21：10 分,配砟车(车号：PZ9)作业时,侧犁将供电 343 号接触网立柱(K1609＋000 处)根部刮伤,供电人员检查确认 343 号立柱不能保证安全,22：28 分冷水铺至新晃站间下行线接触网停电抢修,29 日 1：15 分抢修完毕恢复供电,影响客车 K471、K947、1258、K507 次共计 4 列、行包 3 列及货车 10 列。

2. 事故原因及教训

(1)负责 PZ09 车一号位操作的操作手××,因探头观察时精力不集中,肢体误碰到了侧犁翼板操作触头,使侧犁翼板出现误动作,尾部翼板瞬间向外出现了轻微摆动,使翼板尾部擦碰到了接触网立柱根部坠坨限制架,这是事故发生的主要原因。

(2)因新型配砟车进行了改进,控制翼板摆动的开关由原来的"扳动拉杆"改进为灵敏的"操作触头",作业过程中,操作人员探头往外观察时,存在操作人员误碰操作开关或操作触头的可能,针对这样的安全隐患,机组并未制订针对性的防范措施,这是本次事故发生的重要原因。

3. 事故责任

事故列××客专维修基地全部责任。

学习项目二 运行安全

▶▶ 一、施工运行安全

(1)大型养路机械运行前,各车司机长应对本车的制动系统、折角塞门、安全锁(链)、油位等有关部位进行全面检查、确认,试风试闸,各工作装置、检测装置锁定到位、可靠,安全链拴挂有效。

(2)施工负责人接到调度命令并经确认后,立即向各车司机长传达,以便做好起动准备。本务车驾驶员凭调度命令(站方发车时凭值班员发车手信号)确认信号,鸣笛一长声,待被连挂各车回示一长声后,本务车即刻再鸣笛一长声,方可开始动车。机组驶出、驶入封锁地段,必须严格执行调度命令,确认命令号及封锁起止时间。

(3)机组各车连挂运行时,由第一位车担当本务机,具有相同牵引特性的机械可同时发动用作牵引或推进(重联补机)。推进运行时,由第一位车司机确认信号,并做手信号引导,用对讲机辅助联系。

(4)机组夜间运行,牵引车必须有头灯照明,后部车辆必须有尾部红灯标志。

(5)大型养路机械运行时,驾驶人员要集中精力,严格执行"十六字令",即彻底瞭望、确认信号、高声呼唤、手比眼看;严禁酒后开车、臆测行车;进出站要使用列车无线调度通信设备电台与车站联系,禁止关机运行。

(6)严禁任何人争抢上、下大型养路机械或在大型养路机械运行时将身体探出车外,需要瞭望时应抓紧扶牢,不允许在车帮上或架空物上坐卧,不允许头脚伸出车外,不准在车上打闹。

(7)各车连挂运行时,本务车驾驶员与各动力车驾驶员应经常用对讲机保持联系,通报前方信号开放情况以及提出加速、减速或制动的要求。

(8)严禁超速运行。遇天气不良或瞭望条件差和线路状态不良的地段,要降低运行速度,确保行车与大型养路机械的安全。

(9)机组进入封锁区间后,各机械车在施工地段前后的摘挂方式和顺序由施工负责人决定,并通过对讲机通知各车司机长。原则上,由被摘车上的指定专人负责摘车作业;挂车时由被挂车上的指定专人手持信号旗(灯)负责连挂作业。严禁两个车同时挂一个车。

(10)摘车时必须严格执行"一关折角塞门、二摘风管、三提钩"的作业程序。挂车时,动车必须在被挂车 2m 前停车,连挂人员检查钩销及软管,确认良好后方准挂车。两车连挂后必须试拉才能连接软管,并打开折角塞门。

(11)各机械车在封锁区间独自运行时,续行间隔不得少于 300m,续行速度不得超过 40km/h,并做好随时停车的准备。遇正常制动失效时,应及时采用旁路制动。

(12)施工结束后,机组返回车站前应先与驻站联络员联系或用列车无线调度通信设备电台向返回站呼叫。征得车站同意后,当正方向返回车站时,凭信号机显示进站;当反方向返回车站时,凭站方手信号引导或调车信号进站。原则上机组应全列一起返回,特殊情况下需要分批返回时,应临时与站方联系。

(13)机组返回车站在停留线停稳后,应采取驻车制动,并按规定设置防护,完成当日保养工作。机组人员撤离前,各车必须连挂制动,上好止轮器,防止车组溜逸,并锁好车门。

二、长途挂运安全

(1)大型养路机械无动力回送或远距离转移施工地点时,应将其编在列车尾部,并指派专人负责行车安全事项。

(2)机车牵引长途挂运自行编组时,应将重车、轴距大的车编在前面,并逐一连接风管,试风良好。

(3)转移施工地点时,各车司机长负责提前检查本车的装载及相邻车的连挂、各工作装置、检测装置的锁定,安全链的拴挂等情况,并确定各操作手柄处于连挂状态。

(4)无动力回送时,每车要安排 2 名押车人员,负责监视本车状态,在车站内停车时,下车检查轴温及制动闸瓦的情况,并巡查全车。

(5)在列车运行中,押车人员一律在驾驶室内并要关好车门,身体不得探出车外。一旦发现走行系统有异响或制动缓解不良时,应立即用对讲机通知押车负责人,以便采取应急措施。

(6)严禁押车人员在列车停留间隙离开车组。

(7)在电气化区段运行时,严禁押车人员攀登车顶或在拖车装载物上站立;押车人员下车检查时要避免与接触网支柱及其附近的金属接触。

(8)机组长途运行时,必须由本段车辆检车乘务人员对挂运车组的走行制动部分进行全面检查,并派车辆检车乘务人员、技术人员随车添乘,并与机车保持联系,以防意外事故发生。

(9)当车组到达停留线后,各车要及时采取驻车制动、上好止轮器,并安排专人守车。

三、调车安全

(1)大型养路机械及附属车辆在基地或施工作业现场进行调车作业时,应由专人负责。根据与站方确定的调车作业方案,调车负责人应及时向各车有关人员布置作业计划和注意事项。

(2)调车作业计划下达后,中途不得随意变更。如需变更,应由调车负责人将变更内容向有关人员传达清楚,再开始调车。

(3)调车作业前,调车负责人应指定专人(各车为司机长)撤除车下止轮器,检查各车连挂情况。

(4)调车作业应单一指挥,其他人员不得参与指挥。如在作业中发现问题,应直接向调车负责人报告。

(5)摘挂车时,应由专人负责,并严格按照规定的作业程序进行作业。摘挂时,在车辆走行中禁止人员进入钩档和道心,摘挂风管时不准双足进入道心。

(6)站内挂车时,被挂车与动车连挂后方可撤除防溜设施。摘车时,被摘车必须先设好防溜措施后再摘车。

(7)调车时,前方车驾驶员负责确认信号,并严格按照调车人员、扳道员的手信号或调车信号操纵车辆,情况不清时,及时用列车无线调度设备与车站联系,严禁臆测行车。

(8)在空线上调车牵引运行时,速度为40km/h,推进运行时为30km/h,在尽头线调车时,距线路终端应有大于10m的安全距离。遇特殊情况必须小于10m时,应严格控制速度。

(9)在手工扳道的站内调车时,应认真执行要道还道的规定。

学习项目三 作业安全

▶▶ 一、常规要求

(1)在施工前的交班会上,施工负责人应向各车司机长布置施工任务,并应强调安全注意事项。

(2)在施工封锁前,驻站联络员要到车站申请调度命令,命令下达后应立即向各车传达。施工负责人在接到各车司机长回答后,方能命令车组进入封锁区间。

(3)在作业中,机组各车人员应按岗位责任制的规定上岗到位,监视作业情况,发现机械故障或线路上有障碍物时,应及时通知有关操纵人员。

(4)施工作业时要加强防护。封锁区间的线路防护应按《铁路工务安全规则》的要求设置,作业中,大型养路机械与其他路用列车、轨道车间应设置移动停车信号防护。

(5)清筛机及配砟整形车在收放工作装置时,应选择线路比较平直的地段进行,在多线地段要与防护员联系,当确认邻线无列车通过时方准收起和放下工作装置。

(6)作业前,要确认捣固车、动力稳定车和打磨车的测量小车、前后张紧小车、起拨道装置、稳定装置、打磨装置的下放位置是否正确,以免产生误动作或损坏设备。

(7)作业中,捣固车与动力稳定车的前司机要时刻注意监视记录仪的记录情况,发现异常立即停止作业,查找原因,特别是在进入曲线之前应把输入GVA(ALC)的曲线资料与工务段标到轨枕上的参数认真进行核对,防止出现错误。

(8)打磨作业中,操纵人员要注意监视各打磨头的角度和压力变化的情况,发现异常立即停止作业,查找原因。遇有不能打磨的地段时,操作人员应按要求及时提起测量小车和打磨小车。

钢轨打磨作业速度不得低于5km/h,道岔打磨作业速度不得低于2.5km/h。严禁未达到预定作业速度就开始打磨,打磨电机未提升、停转就停车。道岔打磨结束后,应及时清除滑床板上的铁屑及磨屑。

打磨机组与工务段派驻人员共同密切监视作业防火情况,一旦发现道心或线路旁发生火情,应立即停止作业,及时组织人员扑灭。

(9)道岔捣固车在采用第三点起道时,起道臂自本线中心最大伸出量为3300mm,随时注意不得侵入邻线建筑限界作业。

(10)大型养路机械应配备机组施工质量监督员。在维修施工时,监督员应与工务段派驻的验收人员共同对当天作业的线路进行检测,发现超限地段时,应立即通知施工负责人安排返工。

(11)当天施工结束前,应按规定标准认真做好线路起道的顺坡,确保线路开通后列车运行安全。

(12)大型养路机械进行施工作业应与有关部门签订施工配合协议。工务机械段应提前一日将次日封锁情况通知配合单位,配合单位必须按协议要求派员到场配合。

(13)作业中碰坏工、电设施或因机械故障而无法继续作业时,有关工、电部门及施工单位应立即组织人力进行紧急抢修,保证线路安全开通。

(14)大型养路机械在无缝线路地段施工时,施工负责人及各车司机长要了解该地段的实际锁定轨温,并注意随时测量轨温,严禁超温作业。高温季节应先进行应力放散。

(15)无缝线路地段的作业轨温应严格遵守《铁路线路修理规则》的有关规定。

(16)在无缝线路地段施工时,机组应采取紧密流水作业方法,以便及时稳定线路。作业中一旦发现线路胀轨迹象,应立即停止作业,待工务段或施工单位处理之后再安全退出胀轨现场。

(17)在前往电气化区段施工前,要组织所有机组人员和参加作业人员认真学习电气化区段施工安全常识。任何人员在接触网未停电或未接地的情况下,禁止到车顶上进行任何作业,所携带的物件和工具的最顶端距离接触网带电部分不得小于2m。

(18)进入电气区段时,严禁在接触网及其支柱上挂绳索或衣物,不准在支柱上攀登或在支柱旁休息。一旦发现接触网导线断落,所有人员要撤离其10m以外,并加以防护,立即通知有关部门派人处理。当导线落地处距离作业人员不足10m时,为避免跨步电压,应双脚并拢或单腿跳跃,脱离危险区。

(19)当作业或检修设备需要接触网停电时,施工负责人应提前两天向供电调度提出停电申请,在停电作业时应服从接触网工的安全指导。

(20)在电气化区段,机组各车及各种附属车辆应加设"有电危险、禁止攀登"的明显警告标志。

(21)若大型养路机械需要在非运营的新线(含新拨接线)或其他状态不良的线路上作业时,线路条件应满足:静态轨距偏差不超过+12mm和6mm,静态三角坑偏差不大于10mm,轨缝不大于30mm,曲线目视圆顺、无反超高。

(22)大型养路机械夜间进行施工作业时,现场必须配备足够的照明设备。

二、速度为160km/h及以上区段

(1)区间步行上下班时,应由车间指定工班长或以上职务人员专人负责带队,依次在路肩或路旁走行;在双线区间,应面迎列车方向;通过桥梁、道口或横越线路时,应做到"一停、

二看、三通过",严禁来车时抢越。

(2)作业人员上下班应乘坐有棚平车,遇需要必须乘坐无棚平车时。平车必须设置牢固的栏杆。作业人员乘坐的每辆平车必须指定专人负责乘车安全管理,运行途中不得玩耍打闹。工地上下车及装卸机具、轨料,必须在路基一侧进行,禁止在两线间上下作业人员或装卸机具、轨料。

(3)大型养路机械运行时必须关闭车门,机组人员不得站立或坐在室外,不得向窗外抛掷杂物或探身窗外。

(4)驻站联络员、工地防护员必须由经过段级及以上单位岗位培训,并经考试合格,获得合格证的职工担任。

(5)线桥施工作业,必须设驻站联络员和工地防护员。驻站联络员与工地防护员每3min必须进行一次联络,联络中断时,工地防护员必须通知所有作业人员携带机(料)具按规定撤离到安全地点避车。待联络恢复正常后,再组织作业人员上道作业。

(6)动车组通过前10min,在本线及邻线(线间距不足6.5m,下同)上作业的人员必须下道避车,面迎列车方向,避车地点应距钢轨头部外侧不少于3m处。

(7)动车组通过前10min,在桥梁上的作业人员应撤离至桥头或避车台;在隧道内所有的作业人员必须撤离至隧道外安全避车。

(8)施工作业应避开动车组集中通过时段,遇本线其他列车通过,应严格执行《铁路工务安全规则》的相关规定,按列车通过速度等级规定距离下道避车,遇邻线其他列车通过,按列车通过速度等级、本线封锁、非封锁作业规定距离下道避车或停止作业。避车人员和机具、材料必须在本线线路外侧下道避车,禁止在两线间停留避车,禁止跨越邻线下道避车。

(9)作业人员下道避车规定:

①距钢轨头部外侧距离:

a. 120km/h<邻线速度 VMAX≤60km/h 时,不小于2.5m。

b. 160km/h<邻线速度 VMAX≤200km/h 时,不小于3.0m。

②本线来车按下列距离下道完毕:

a. 120km/h<邻线速度 VMAX≤160km/h 时,不小于1400m。

b. 160km/h<邻线速度 VMAX≤200km/h 时,不小于2000m。

③邻线(线间距小于6.5m)来车下道规定:

a. 本线不封锁,邻线速度 VMAX>120km/h 时,下道距离不小于1400m;

b. 本线封锁,120km/h<邻线速度 VMAX≤160km/h 时,本线可不下道,但本线必须停止作业;邻线速度 VMAX>160km/h 时,本线必须下道,距离不小于2000m。

(10)下道的机具、材料必须撤离至距钢轨头部外侧2m以外,并应放置稳妥,防止振动或移动侵限,作业中堆放的石砟应防止侵限被列车撞击飞起伤人。

(11)站内作业时,由施工负责人确定安全避车地点;在站内如必须走道心时,应在其前后按规定设置专人防护;进路信号辨认不清时,应及时下道避车。

(12)清筛机、捣固车等大型机械施工作业噪声大时,应增派专人防护,防护人员必须站立于邻线路基侧,严禁站立邻线线路上或两线间。

(13)大型养路机械施工突发故障必须在两线间应急检修时,应安排专人防护,邻线动车组通过前10min,检修人员应携带机具到本线路基侧安全地点下道避车。

(14)封锁时间外禁止使用四轮小车,钢轨线下焊作业应安排在封锁时间内进行。

(15)封锁时间外区间、站内使用小车,应按《铁路技术管理规程》第324条规定设置停车手信号防护随车移动、配备足够推运人员、按规定装运轨料、机具。

(16)线桥施工责任地段线路恢复常速后禁止上道进行养护作业,遇线路严重病害确需进行养护作业时,应按规定申请临时限速或封锁,经批准同意后方可进行,并按规定设置防护、执行本线、邻线来车下道避车制度。

(17)大型养路机械、轨道车在区间或站内相邻正线股道停车时,司机、机组人员严禁从区间两线间或站内相邻正线侧下车进行检查、修理等作业。

(18)线路巡守检查人员应在路肩上行走,并注意察看线路状态,必须在线路上行走检查时,应安排双人,实行一人检查、一人防护制度。防护人员必须携带无线对讲机,行走在路肩,两者前后距离应保持在5m以上、20m以下,禁止并肩行走、闲谈或做与本职无关的事情,遇有来车,按规定提前下道避车、接车。

▶▶▶ 三、施工作业安全制度

认真执行施工作业安全制度是保证施工质量和确保安全生产的重要措施,其主要内容包括以下9个方面:

1. 施工技术责任制

严格执行设计文件的各项要求和有关技术标准,合理控制施工和慢行地段长度,积极采用新技术、新材料、新工艺、新设备,提高施工技术水平;加强与工务段驻车间人员的联系,协助检查施工安全和质量。

2. 施工三检制

每次开工前、施工中、线路开通及收工前,施工负责人应组织有关人员,各自对分管地段的施工准备、施工作业方法和线路设备状态进行检查。

3. 巡查养护制

施工现场设置巡查养护人员,对施工地段进行巡检,发现危及行车安全的处所要及时消除,无力消除的要及时向上级报告,采取措施,保证行车安全。

4. 工序交接制

前一道工序完成后,施工负责人组织相关工序负责人进行交接。

5. 隐蔽工程检查制

隐蔽工程每个阶段结束时,由施工单位会同接管单位共同检查,确认符合设计要求后,填写记录,才准继续施工。

6. 职工岗位培训制

新工人上岗前,必须进行安全教育和技术培训,考试合格后,才能上岗工作;采用新工艺、新设备,必须先制订操作规程和安全保障措施,并对有关职工进行培训,考试合格后,方能上岗操作。

7. 安全检查分析制

安全工作应抓早、抓小、抓苗头、抓薄弱环节,做好定期的、季节性的及节假日和工地转移前后的安全检查,及时消除隐患;组织群众,开展事故预想活动,防止事故发生,对事故苗头和已发生的事故,应及时分析、处理,吸取教训。

8. 材料管理制度

质量、规格不符合标准或出厂证件不符合要求的材料不得使用;新旧材料及时清点入库,堆码整齐,防止损坏或丢失;材料的收发、运送、使用和交换,要严格按规定办理账务手续。

9. 施工机械管理制

建立、健全施工、运输、大型养路机械、装卸机械的设备台账、技术档案和管理制度,实行岗位责任制,严格执行维修保养制度,提高设备完好率。

▶▶ 四、机械操作安全

(1) 作业前,操作人员应按照操作说明书的规定做好各项准备工作,特别是做好设备的保养及失效零部件的更换,使设备始终处于良好的工作状态。

(2) 作业时,要根据线路实际情况选择作业方法,机组人员随时观察各部分的工作情况及各种仪表的显示状态,发现异常立即停机处理。

(3) 大型养路机械工作装置收放时,要按岗位分工各负其责,同时要做好车上与车下人员的协调,避免碰伤手脚。在连接或分解清筛机的导槽及链节时,要统一指挥,相互照应,防止伤人。

(4) 捣固车作业中,数据输入要正确,下镐位置要准确,避免镐头碰伤轨枕或钢轨。

(5) 使用激光发射器时,作业人员严禁目视激光,也不准在准直光束中穿行。

(6) 捣固车作业中,必须在捣固装置准确对位后方准下插捣固装置。

(7) 配砟整形车工作时,要注意线路上的固定装置及障碍物。遇有妨碍作业的物体时,应及时收拢侧犁。

(8) 清筛机在作业中,一定要严格遵守各道工序起动与停机的顺序,即起动时先接通污土带和振动筛后,再开始挖掘;停机时则反之。当作业中突然停机时,应先用人力清除污土带上的污土与道砟,严禁满负荷启动机器。

(9) 禁止非机组人员扳动机械设备,机组人员离开机械时,要实施驻车制动,上好止轮器、锁好车门。

学习项目四 应急处理

▶▶ 一、施工与运行应急处理

大型养路机械发生故障或其他原因在区间内被迫停车不能继续运行时的应急处理如下:

(1) 大型养路机械司机应立即排除故障,争取在规定的时间内到达前方站。

(2) 如故障不能排除或发生事故等无法继续运行,司机应立即采取防溜措施,保压制动,拧好手制动机,两端用止轮器止轮制动,并按规定完成以下工作:

① 鸣示一长三短声的报警信号,并利用列车无线调度通信设备通知两端车站值班员或列车调度员及后续列车,报告原因和停车位置。

② 按《铁路技术管理规程》有关规定设置防护,如影响邻线时,应立即使用列车无线调度

通信设备通知邻线上运行的列车和两端站,分别在列车头部和尾部附近邻线上点燃火炬;在自动闭塞区间,还应对邻线来车方向短路轨道电路。司机应亲自或指派人员沿邻线一侧对列车进行检查,发现妨碍邻线时,应立即按规定防护。如发现邻线有列车开来时,应鸣示紧急停车信号。

③采取紧急措施,组织抢修或起复,尽快开通线路,需要救援时,应立即通知车站值班员。请求救援后,不得继续动车。

④从救援列车开来方向(不明时,从列车前后两方面),距离列车不少于300m处设置响墩防护。

(3)响墩设置方法。每组为3枚,其中两枚放在来车方向左侧的钢轨上,一枚放在右侧的钢轨上,彼此间隔20m。防护人员应站在距最外方响墩不少于20m的路肩上。放置响墩时,要将响墩放于钢轨顶面上(有环带的应将环带紧扣于钢轨头部两侧,防止振掉),并注意不要在下列处所安放:

①道岔、钢轨接缝、平交道口及有特殊设置的地方。
②无砟桥及隧道内(连续为长隧道的线路,按该区段的具体情况确定)。
③积雪和浸水地点。

▶▶ 二、大型养路机械出现机械故障时的应急处理

对于发动机熄火的故障,先不要关作业电源,尝试利用液压蓄能器和总风缸的储存压力收起各工作装置,在安装有应急泵的大型养路机械上还可以起动应急泵向液压系统补充工作压力实现液压工作装置的收起。利用储风缸里的气压收起各检测小车并锁定。对于电路短路、失电、控制电路紊乱等故障,应尽量在建立作业风压和液压后,关闭相关工作装置控制开关,然后尝试手动按下换向阀以实现工作装置的收起。

对于以上方法均尝试失败后,可采用以下方法:

(1)捣固装置提起:先卸压(拆提升油缸的油管),正确用捣固装置顶升器(包括使用千斤顶,多级顶镐或手拉葫芦,垫厚度不同的枕木垫)顶升,顶升到位后要立即锁定好。

(2)稳定装置提起:先卸压(拆垂直油缸的油管),用千斤顶(并及时用厚度不同的枕木垫)把稳定头顶到位后立即锁定好。

(3)用小千斤顶或人工抬等方法收起各小车。

(4)起拨道装置提起:先卸压(拆夹轨轮的油管)再分开夹轨轮,用千斤顶(或手拉葫芦)顶起到位后,要立即锁定好。

(5)清筛机挖掘链导槽提升:将液压泵上的液压管卸下连接到应急手泵上,利用应急手泵将挖掘链导槽提升到位锁定。

▶▶ 三、大型养路机械冒进信号时的应急处理

(1)大型养路机械冒进进站(进路)信号机后应立即停车与车站值班员取得联系,机组需待车站值班员确认接车条件具备后,由车站派出的引导人员领入站内。

(2)大型养路机械冒进出站(进路)信号机(未设出站信号机为越过警冲标)时,应按以下规定办理:

①在使用自动闭塞、方向电路闭塞、半自动闭塞(调度集中)的区间,冒进出站信号机时,机组应按车站值班员的指令退回,待开放出站信号机后,方准开往区间;如不能退回,能开放

出站信号时,凭开放的出站信号和调度命令(自动闭塞区间为开放的出站信号和绿色许可证)开车;不能开放出站信号时,方向电路闭塞、半自动闭塞(调度集中)区间须停止基本闭塞法,改用电话闭塞法;双线自动闭塞区间在车站准备好发车进路并接到填发的"绿色许可证"后发车;单线自动闭塞区间,须先按下越站调车按钮(控制发车方向)后再填发"绿色许可证"发车。

②按上述方式发车不能锁闭发车进路时,须确认进路正确后,以单独锁闭方式锁闭进路上的道岔和邻线上的防护道岔。

③在使用电话闭塞的区间,原则上机组应根据车站值班员的指示退回。如无列车交会而发车进路又已准备妥当时,可不退回,在接到车站发给的占用区间凭证后发车。

④如出现挤岔时必须立即向车站值班员汇报,确认道岔情况是否具备动车条件,绝对不能盲目动车,以防造成"四开"道岔或脱线。

四、遇恶劣天气时的应急处理

(1)恶劣天气是指遇暴风雨、雪、雾、扬沙等在平直道路上能见度低于200m时的天气。

(2)出车前,确保大型养路机械(含轨道车运行控制装置(以下简称GYK)、机车信号、列车无线调度通信设备)处于完好状态,工具备品及响墩、火炬、防护用具齐全良好。

(3)动车前,列车管压力应达到500kPa,必须进行制动机试验,确认制动良好后,方可动车。

(4)恶劣天气运行中应打开大型养路机械头灯及侧灯,多鸣喇叭,严格控制车速。加强车机联控和与工务看(巡)守(呼叫点)人员呼唤应答。

(5)遇天气恶劣,信号显示距离不足200m时,司机或车站值班员须立即报告列车调度员,列车调度员应及时发布调度命令,改按天气恶劣难以辨认信号的办法行车。

①列车按机车信号的显示运行。当接近地面信号时,司机应确认地面信号,遇地面信号与机车信号显示不一致时,应立即采取减速或停车措施。

②当无法辨认出站(进路)信号显示时,在列车具备发车条件后,司机凭车站值班员(运转车长)列车无线调度通信设备(其通信记录装置须作用良好)的开车通知,起动列车,在确认出站(进路)信号机显示正确后,再行加速。

③遇确认信号困难或线路桥梁等行车设备有异状(发现倒树、山洪、塌方、线路被水淹没)或其他异物危及行车安全时,应立即采取停车措施,查明情况,及时报告车站值班员。

④汛期行车时,应严格执行有关条例的规定。

⑤实行列车无线调度电话直接发车的区段,可根据车站值班员无线调度电话通知开车,不实行列车无线调度电话直接发车的区段,车站发车人员应向前行至轨道车司机可见距离显示发车信号,司机和副司机共同确认发车手信号后方可动车。

⑥恶劣天气进入区间作业时,在接近施工慢行点应一度停车,根据防护人员要求进入施工区段作业。

⑦恶劣天气时,站内转线作业、大型养路机械出入库应严格控制速度,确保在瞭望距离内能随时停车。

五、大型养路机械列车GYK、机车信号发生故障时的应急处理

大型养路机械列车GYK、机车信号、列车无线调度通信设备,在运行中发生故障时,司

机应立即使用列车无线调度通信设备报告车站值班员,并根据实际情况掌握速度运行;在自动闭塞区段,以不超过 20km/h 的速度运行至前方站。到站后,司机将发生故障的时间、地点、现象、车次等做好记录并报修,同时与车站值班员联系,得到准许命令后严格按照地面信号继续行车。

▶▶ 六、自动闭塞区段运行时通过信号机显示停车信号(包括显示不明或灯光熄灭)时的应急处理

(1)司机严格执行自动闭塞区段运行时的具体规定,控制好运行速度。
(2)机组人员应提高警惕、加强瞭望,严禁臆测行车。

▶▶ 七、信号设备出现故障时的应急处理

1. 进站(进路)信号机故障时的行车办法

(1)凡进站、接车进路信号机不能使用或在双线区段由反方向开来列车而无进站信号机时,应由车站开放引导信号或派引导人员接车。

(2)引导接车时,车组以不超过 20km/h 速度进站,并做好随时停车准备。由车站引导人员接车时,引导人员在引导接车地点标(未设时引导人员应在进站、进路信号机或站界标外方)处,显示引导手信号接车,直到机组头部越过引导信号后才关闭信号或收回引导手信号。

2. 进路信号机、出站信号机发生故障时的行车办法

(1)出站信号机临时发生故障时,机组应在接到车站按规定交递的行车凭证(行车凭证接到后司机应进行确认)和信号机故障事由的口头说明后才能在出站信号机关闭的情况下出发。

(2)在装有进路表示器或发车线路表示器的出站信号机,当该信号机表示器不良时,机组应在接到办理发车人员的通知后方可凭出站信号机的显示出发,机组人员须认真确认道岔开通方向,如不相符,应立即停车,及时与车站联系。

(3)半自动闭塞的车站,发车进路信号机临时故障不能开放时,机组应在接到车站发给司机发生进路信号机故障的书面通知同时确认进路后才可越过该信号机,严格按信号机的显示运行。

(4)单线自动闭塞的车站,发车进路、出站信号机故障不能开放时,机组应在接到车站开出的绿色许可证后方可发车。

3. 冒进信号的处理办法

因临时停车轨道电路瞬间故障,使已开放的信号机恢复定位而造成机组冒进信号的处理办法。

(1)冒进进站信号后,机组须在接到车站值班员情况说明和签注后,在车站引导人员的手信号引导下进入站内停车或通过。

(2)冒进出站信号后,如进路未解锁,机组可不必退回,在接到车站发车人员的原因说明和签注后重新发车继续运行。

▶▶ 八、发生路外交通事故的应急处理

(1)大型养路机械在区间碰撞设备、机动车辆,并造成大型养路机械或线路设备损毁时,

司机应立即用列车无线调度通信设备报告就近车站。立即查看并保护事故现场,对大型养路机械等设备破损情况进行全面检查和处理,如需停电、救援或需派救护车时,应立即报告就近车站。如影响邻线或不能继续运行时,需按规定进行防护和采取防溜措施。

(2)发生路外伤亡事故后,大型养路机械乘务员必须立即停车(有特殊规定的除外),对事故现场做好标记,记录时间、地点、姓名、单位、年龄、性别、伤情、关系人和现场处置情况,并迅速将事故情况报告就近车站。待伤亡人员处置完毕,继续运行至前方站停车,向车站交送记录。

(3)受伤人员处置。在区间发生路伤事故时,大型养路机械司机将伤者带上本车交前方车站组织抢救。在有人看守道口发生事故,由道口看守人员组织护送到就近医院抢救,并办理手续。在段管线发生事故时,由所属段负责送就近医院抢救并办理手续。在站内发生事故或接收区间伤员,由车站送就近医院抢救。

(4)死亡人员处理。在区间(无人看守道口)发生事故造成人员死亡,尸体妨碍行车时,由司机做好标记,将尸体移至路旁,尽量找人看守,再继续行车;如找不到看守人员,通知就近车站,由车站处理。

在站内发生事故造成人员死亡,尸体由车站负责看守;在有人看守道口由看守单位负责;在段管线由所属段负责。

▶▶ 九、大型养路机械退行的应急处理

(1)在紧急情况下,大型养路机械必须退行时,单机时应立即换端操作,并进行制动机试验,确认良好后方可运行;多车连挂时,本务司机在与补机司机联系转换操纵权后,由取得操纵权的司机进行制动机试验,确认完全获得操纵权后方可运行。

(2)未得到后方站(线路所)车站值班员准许,不得退行到车站的最外方预告标或预告信号机(双线区间为邻线预告标或特设的预告标)的内方。车站接到大型养路机械退行的报告后,除立即报告列车调度员外,根据线路占用情况,可开放进站信号机或按引导办法将大型养路机械接入站内。

(3)大型养路机械需退回原发站时,应报告车站值班员,在得到准许后,方可按进站信号机的显示或引导接车人员显示的引导接车手信号进站;如未得到后方站车站值班员的准许,只能退到车站最外方预告标或预告信号机外方(禁止跟踪调车的车站,可退至进站信号机外方)。

(4)规定不准退行的大型养路机械,在运行中遇有山洪暴发、泥石流或其他突然灾害被迫停车,如不立即退行撤离现场将严重危及列车安全时,准按如下办法退行:

司机应立即鸣示警报信号(一长三短声)和退行信号(二长声),即以不超过15km/h的速度退行。退行中须连续鸣示警报信号,待退至安全地段停车后,迅速与车站值班员及列车调度员联系。

▶▶ 十、大型养路机械脱线起复应急处理

(1)迅速确定抢救方案:要确定是起复还是撤离线路,是就现有人员、工具进行还是请求就近车站、工区支援。同时还要确定具体起顶位置和移动方向以及预计起复需要时间和确定抢救临时负责人,并把此向车站值班员报告,并按规定设好防护。

(2)根据方案,积极准备起复工具材料,如液压起复器,起道机、撬棍、短轨、索具、枕木

头、铁线、克丝钳、活扳手等。

（3）临时负责人一旦明确，其他人员均要服从指挥，要统一行动。

（4）用索具把台车（转向架与轮对）和车体捆绑牢固，并在起顶端第一轮对前后装好止轮器。

（5）临时负责人在指挥中要充分考虑脱线周围地形情况及车辆偏离程度、水平倾斜角度，据此确定合理的起复步骤。

（6）起顶和移动时不宜过急过猛，边起边观察车辆有无异动。

（7）横移量一次不足时，可分多次进行。

（8）注意起高量，多次起高时，要加垫枕木头支撑，以防下坠或倾覆。

（9）如要把车辆移出线路外，一般需要 8～12 人，并需长撬棍 4 根，中粗麻绳 2 根（长 20m）、选择较低地势为撤出方向，采用起、拨、拉等办法，可在较短时间撤出线路。进行此项工作时，必要时联系接触网断电，以防意外。

（10）起复完毕，应检查车辆走行部和脱线处线路情况，如无异常，应撤出防护，开通线路，降速行至车站后再作全面检查修复工作。

学习项目五　线路大修应急处理

▶▶ 一、线路胀轨跑道应急处理

作业人员或巡查人员一旦发现线路胀轨跑道情况后，应严格执行"先防护后处理"的原则。

1. 安全防护

（1）当发现胀轨时，应立即用对讲机或电话通知运行列车和车站，拦、扣停列车和封锁区间，同时派人员分头进行防护，并在故障地点设置停车信号。

（2）设有固定信号机时，应先使其显示停车信号。当确知一端先来车时，应先向该端，再向另一端放置响墩。如不知来车方向，应在故障地点注意倾听和瞭望，发现来车应急速奔向列车，用手信号旗或徒手显示停车信号，并将响墩放置在能赶到的地点，使列车在故障地点前停车。

（3）站内线路发生胀轨时应立即通知车站值班员采取措施，使机车、车辆不能前往该故障地点，并按《铁道工务安全规则》在站内线路或道岔上施工使用移动停车信号防护的具体规定，设置停车信号防护。

2. 应急处理

（1）当巡查人员发现线路轨向不良，有明显的横向位移时，应立即设置停车信号，封锁区间，并通知车间，派人进行紧急处理。

（2）采取夯拍道床、填满枕盒道砟和堆高砟肩等措施，防止胀轨继续发展。

（3）拧紧胀轨地段两端 50～100m 的线路扣件和接头螺栓，从胀轨地段两端 50～100m 处向中间轻浇慢淋水降低轨温（最好在轨腰上覆盖草袋以利吸收水分）或喷洒液态氧化碳，降低轨温后将胀轨部分拨回原位。

（4）曲线地段只能上挑，不宜下压。

（5）拨道后补充石砟，拍实道床，限速放行列车，并派人看守，待轨温降至锁定轨温时，再恢复线路和正常行车速度。

(6) 若降温不能恢复线路，在地形许可情况下，非电气化地段可从胀轨处两端向中间拨成半径不小于200m的反向曲线，曲线夹直线不得小于10m。拨好后回填石砟，夯拍道床，限速15km/h直至拨正线路。

(7) 在电气化铁路困难条件下处理线路胀轨跑道，可用乙炔切断钢轨，松开扣件放散应力，用夹板和急救器加固，限速5km/h开通列车，在24h内按《铁道线路修理规则》进行临时或永久性处理。

(8) 在普通线路发生胀轨跑道时，应立即设置停车信号，封锁区间，如有轨缝可利用时，应串动钢轨恢复线路，并加强防爬锁定。

(9) 胀轨跑道处理后放行第一趟列车时，限速5km/h，并派人看守。以后放行列车速度视线路恢复情况确定。

▶▶ 二、钢轨折断应急处理

1. 安全防护

当发现钢轨折断危及行车安全时，应严格执行"先防护、后处理"的原则，按线路故障要求立即设置防护。

2. 应急处理

(1) 当钢轨全断面断成两部分时应进行以下处理：

①断缝小于50mm情况下，在断缝处上好夹板或臌包夹板，用急救器固定，在断缝前后各50m范围内拧紧扣件或打紧防爬器、断口两端安装轨距拉杆，并派人看守，限速5km/h放行列车。

②当断缝小于30mm时，限速15km/h放行列车。当钢轨断缝大于50mm或钢轨全断面粉碎性折断时，应立即封锁区间，普通轨线路应更换钢轨；无缝线路临时处理时可沿断缝两侧对称切除伤损部分，两锯点之间插入长6m的同型钢轨，轨端钻孔，上接头夹板，用10.9级螺栓拧紧。

③在短轨前后各50m范围内拧紧扣件后，按正常速度放行列车，并在处理时做好记录。无缝线路地段时，临时处理或紧急处理时，均应在断缝两侧约3.8m处轨头非工作边上做出标记，并准确测量断缝值，做好记录，以便原位复焊。

(2) 当钢轨裂缝贯通整个轨底或轨头截面时应进行以下处理：

①若钢轨折断在轨枕上，能钉上道钉或安设扣板时，可在钢轨内外两侧各钉上一颗道钉或用扣板卡住。

②如钢轨折断位置离轨枕较近，可方正轨枕于断缝处，然后用道钉或扣板把折断处钢轨固定在轨枕上。

③当钢轨折断在轨枕盒内或长轨条发生折断且断缝小于50mm时，在断缝处上好臌包夹板，用急救器固定，如断缝处能穿入螺栓，可用两块夹板穿上螺栓夹紧，断缝下垫入短枕，以防止钢轨上下、左右错牙，再安装轨距拉杆保持轨距。

④对以上情况处理后限速15km/h放行列车，昼夜派人看守，并立即组织更换。

(3) 当轨头顶面上有长大于50mm，深大于10mm的掉块时应进行以下处理：

①应封锁区间，普通标准轨线路立即通知车间更换；长轨条沿掉块两侧对称切除伤损部分，两锯口间插入6m的同型钢轨，轨端钻孔，上接头夹板，用10.9级螺栓拧紧。

②在断轨前后各 50m 范围内拧紧扣件,按正常速度放行列车。
③发现人在进行好防护和临时处理后,应立即报告施工负责人和车站值班员。
④施工负责人立即报告片区指挥部调度,组织带领人员赶赴现场抢修。
⑤当发现钢轨裂纹,又不能确定伤损程度时,应按"先封锁处理,后开通放行"的原则办理,做到"宁可错拦、不可错放"。

▶▶ 三、钢轨接头夹板折断应急处理

线路作业人员或巡养人员一旦发现接头夹板折断,危及行车安全时,应严格执行先防护后处理的原则。

1. 安全防护

(1)当内外两侧夹板同时折断时,应按钢轨折断的防护办法进行防护。
(2)当一侧夹板折断时,设置慢行信号,派人看守,并通知车间更换。

2. 应急处理

(1)当内外侧两块夹板同时折断时,应立即设置停车信号,封锁区间,用备用夹板及时换上。如没有备用夹板时,可从其另一股钢轨接头上取下一块夹板,与折断夹板调换,同时上紧两股钢轨接头的接头螺栓,限速 5km/h 放行列车,然后通知车间更换折断夹板。
(2)当接头上一块夹板折断时,应立即设置慢行信号,并迅速通知车站,办理临时封锁施工手续,利用封锁时间更换夹板,放行列车条件视具体情况决定。
(3)发现人设置好防护后,应立即报告施工负责人或车站值班员。
(4)施工负责人应立即组织材料、人员赶赴现场抢修。

▶▶ 四、胶接绝缘接头失效应急处理

1. 安全防护

胶接绝缘接头失效发生联电,应严格执行"先防护后处理"的原则,能立即处理的情况下组织人员尽快恢复。

2. 应急处理

(1)绝缘接头发生拉缝时应进行以下处理:
①立即拧紧接头两端各 50m 范围内线路扣件,接头失效不能立即恢复的将失效部分拆除,更换为普通绝缘接头材料或插入等长胶接绝缘钢轨,用夹板联结进行Ⅰ临时处理,并尽快用较长的胶接绝缘钢轨进行永久处理。
②进行永久处理时,应严格掌握轨温、胶接绝缘钢轨的长度和预留焊缝,确保恢复后无缝线路锁定轨温不变。
(2)当胶接绝缘钢轨距绝缘处 1m 以外发生重伤或折断时,比照普通钢轨折断出处理。

▶▶ 五、施工中导致电务信号故障应急处理

(1)线路换轨、换岔抬运钢轨、辙岔等金属物件,不准担在两股钢轨上,路基施工须扣轨梁,在有轨道电路区段必须注意绝缘程度,防止扣轨梁造成电务信号故障。
(2)施工中发生电务信号故障,应立即查找原因,查找范围主要包括以下几点:
①道口钢筋和混凝土板钢筋头。

②轨端是否有肥边突出。
③单轨车、捣固车等机具的走行轮是否压住绝缘接头。
④道岔配件是否脱落或组装错误。
⑤散置在线路上的钢轨、道岔或其他金属物等。
(3)在有轨道电路的钢桥上施工,不准把联结钢梁杆件的金属线绑在螺栓、道钉上,防止导致电务信号故障。
(4)在有电缆的桥上施工,要注意防止挖断、碰毁电务送受电线和电缆。
(5)施工中意外挖断电缆、电线,应立即通知有关单位配合人员进行抢修。

▶▶ 六、复线地段发生行车事故应急处理

(1)施工作业人员发现复线地段发生行车事故时,除立即对本线进行封锁防护外,应立即确认是否对相邻线路造成侵限和破坏。
(2)若对邻线行车造成影响,应按规定设置防护,并及时将情况通知相邻车站,封锁相邻线路。

学习项目六 检修及驻地安全

▶▶ 一、检修安全

(1)机组施工作业前后的设备保养工作应在驻地停留线上进行。各车要采取防溜措施,按规定防护。
(2)设备保养工作应分工进行,并要注意相互配合与协调。当进入车体内擦拭机器或调整更换零部件时,应严格按操作要求进行,注意防止磕碰头部和手脚。
(3)需要登踏车体上部时,电气化区段应停电,手要紧握扶手,不准穿带钉鞋或塑料底鞋登高。
(4)登高人员与车下人员同时作业时,上部人员要防止物件下落击伤他人,下部人员也要避开有危险的位置,并应戴上安全帽。
(5)机组加注燃油时,要注意防火,绝对禁止在油箱附近及加油作业中吸烟。
(6)禁止在机械上或机械附近使用明火,如果必须就地使用电焊或气焊时,应尽量远离油箱,并要准备足够的灭火器具,清除附近的易燃物品。
(7)机械在作业现场临时出现故障需检修时,也要采取防溜措施,视情况停止发动机运转、关闭电源,并在邻线一侧设专人防护。只有检修人员全部撤离至安全区后,方准重新启动发动机。
(8)在现场拆卸较大零部件时,应根据拆装的条件事先制定安全措施,防止砸伤手脚,损坏机件。
(9)使用过的油脂及棉线要妥善保管,严禁乱扔乱放,以防发生火灾。
(10)大型养路机械返回基地检修时,在布置检修工作的同时,要提出安全注意事项。当拆卸较大或较复杂的零部件时,要有技术人员在场指导,严禁蛮干。
(11)大型养路机械在库内动车时,要检查并确认各工作装置的位置正确、车上车下无障碍物,就位后要放置止轮器。

(12)使用起重机械吊装物件时,要由专人指挥,吊车司机与司索工应经过培训并持有操作证,捆、挂应牢固平稳,起落要缓慢,吊钩下严禁站人。

(13)使用叉车的人员必须经过培训及持有操作证方能上岗驾驶。作业时应有专人指挥,装卸物件要起落平稳,严禁在车间内高速行驶。

(14)使用架车机或千斤顶架车时,应有专人指挥,步调一致,同起同落,防止受力不均造成偏斜。支撑物应牢固可靠,支撑物的承载能力必须大于被支撑物体的重要,其所在地面应坚硬无下沉。用枕木垛时,应搭成井字形,并用扒钉固定。

(15)各种试验设备应由专人负责保养与使用,使用规则与技术要求要明文写出并挂在设备附近的墙上,以利提醒和监督。

(16)清洗配件一般使用清洗剂,个别情况下必须使用汽油时,应报有关部门批准,并采取相应的防火措施。清洗油槽应有铁盖。清洗过的废油及各种油脂、线头应妥善处理,不准随意泼洒。

(17)厂房内应按有关规定配齐消防器材。检修时不得在设备附近动用明火或吸烟,必须动用明火时,应采取相应的安全措施并要有不低于工长级别的人员在场监督。

(18)厂房内的炉火要严格管理,炉火周围严禁堆放易燃物品,各种油脂严禁接近炉火或用火烘烤。

(19)每天工作结束后必须清扫检修现场,清理油脂及易燃物,按要求清点各种工、机具。

二、驻地安全

(1)各工务机械段要选派责任心强、对工作高度负责的人员担任施工驻地巡守工作,巡守人员在岗期间严禁擅离职守。

(2)巡守人员应建立严格的交接班制度,交接班时要对设备及备品进行全面的检查并认真填写交接记录。

(3)巡守人员当班时应严格遵守巡视制度,做到定时、定点巡视,发现总是及时报告。

(4)巡守人员在巡视时,不准到邻线道心或枕木头上行走与坐卧,跨越邻线时要注意瞭望,夜间要有照明以防跌倒摔伤。

(5)各种车辆在无人时应锁好车门,防止车上设备或物品丢失。

(6)停留车辆两端的防溜设施及防护红牌(夜间为红灯)由巡守人员负责安放与拆除。

(7)巡守人员使用灶具时,人员不准离开,灶具周围不准堆放易燃物品。

(8)宿营车上电源应由电工接线,其他人不得随意拆接。使用电热器必须经有关领导同意。

(9)禁止闲散人员在车上停留。未经领导批准,严禁非本单位人员在车内参观或留宿。

(10)施工驻地要确保存放油品的安全。存放的油品与宿营车应按规定保持距离,并有安全隔离措施;加强人员巡守。

(11)施工队伍转移新宿营地后,应选择宿营车上下安全的一侧作为通道,邻线来车一侧车门必须全部锁闭,结合站内通道情况及时建立上下班安全通道,在道口、通道等危险处所,设置醒目的安全警示标志。需出站时,站内设有天桥、地道的,应从天桥上或地道内穿越,严禁从线路上横越。

练习题

1. 铁路交通事故分为哪几级?
2. 一般事故分为哪几类?
3. 大型养路机械作业时出现故障应该如何进行应急处理?
4. 大型养路机械冒进信号的应急处理内容是什么?
5. 发生路外交通事故应该如何应急处理?
6. 作业人员下道避车规定是什么?

单元七

材料管理

【知识目标】
1. 熟悉大型养路机械材料管理的目的、意义;
2. 掌握油料及配件管理的一般要求;
3. 掌握材料管理主要规则。

【能力目标】
1. 明确区分大型养路机械材料管理的类型及要求;
2. 能够说明两种以上油料及配件管理的准则及要求;
3. 熟悉材料管理程序及要求。

学习项目一 材料管理概述

▶▶ 一、材料的概念

经营管理中对材料的定义分为广义的材料和狭义的材料。广义的材料是指为了生产所投入的一切东西;而狭义的材料是指不包括设施和设备在内的其他东西。

从材料管理的层面来看,土地、建筑物、机器、设备以及车辆、搬运工具、生产工具、配件等属于固定资产范围内的材料不是管理的对象,只有原材料、储存品和正在加工的产品等才是管理的对象。

▶▶ 二、材料管理的意义

材料管理是科学的管理技术,即在需要对生产活动来说所必需的材料的时期,用合理的价格,准备合理质量和数量的材料,通过对材料的高效率管理,保证生产活动的顺利进行。

材料管理是指为了更有效地管理材料,通过根据生产计划所进行的分类、计算需要量、购买、保管、供给和处理等一系列的过程,保证合理和高效率地执行业务。材料管理以科学性的技术,即科学的管理技巧和技术以及经验为基础对业务进行管理。

▶▶ 三、材料管理的目标

材料管理的目标是对企业经营所必需的材料进行高效率的管理。从合理与否的层面来看,高效率的管理可以分为继续性和经济性。

1. 继续性

继续性是指企业经营所必需的材料应该成为持续的后盾。为了持续地供应投入到制造活动中的材料,必须对将来的需要进行正确的预测,并确保拥有生产活动所必需的合理的库存量,从而保证能够满足需要方的要求。但是,如果库存量超过了合理以上的水准,库存投资费用和库存管理费用就将大幅度地增加。这样,固定费用的支出就会加大,从而减少了企业的利润,因此又被称作非经济性。

2. 经济性

为了维持组织经营的继续性,应该事先确保生产活动所必需的材料,但库存会增加库存投资和管理费用,所以应该进行管理,使库存资产最小化。

材料管理的目标就是用最小的库存资产来追求对需要的满足。材料管理的基本课题是摸索不增加库存但仍能满足需要的方法。材料管理的根本目标是探索科学的方法来均衡地协调继续性和经济性等利润相关要素。

▶▶ 四、材料管理的机能

材料管理的机能化是指对材料流程的统合处理过程进行分割并明确分割后各个部分的范围和界限,然后将材料的流程体系化并谋求高效率的管理,从而可以保证统合后的系统的合理化。要在合理的时期以合理的价格供给产品生产所必需的合理质量的材料。

1. 确保必要的材料

(1)制定材料预算：

①把握事业计划。确认生产计划、销售计划和利益计划。

②制定材料预算。确认事业计划和配件技术的系列化战略,制定材料供需计划,制定预算。

(2)确保供给线：

①调查材料市场。预测国内外市场的供给,预测需要,分析材料环境。

②扩张供给线。进行质量能力评价、经营能力评价和合作信赖度评价。

(3)配发材料：

①签订贸易合同。协议贸易条件,确认法律规程,完成长期引进合同。

②配发材料。完成贸易合同,确认交货的确切日期。

③支付货币。确认约定条件,确认检查验收,商议支付货币的方法。

2. 维持并管理材料

(1)确保合理库存：

①安全库存计划。确认生产计划,安全库存管理。

②确认库存。确认库存位置,把握库存量。

③确保合理库存。把握库存的多与少,采取解决多与少库存的措施方法。

(2)保管材料：

①把握材料的属性。把握物理化学上的特性,把握大小和价格,把握珍贵程度和配发的难易度。

②计划保管的时间。把握投入生产的时期,把握材料的特性。

③确保保管的场所。把握材料的属性,把握保管的材料的量,把握保管时间以及法律规程。

(3)使用材料出库：

①填写出库单。把握生产计划,把握工程库存,确认出库的时期、场所和方法。

②出库材料。确认移动位置的距离、手段和移交与接收。

(4)进行事后管理：

①把握材料的能动率。把握材料部门的贡献度和生产部门的贡献度。

②管理不良品。不良原因与制定对策,探索对不良品的处理方法。

③事后管理。把握品目对象,确认法律规程,寻求管理方法。

3. 经常开发材料

(1)制定材料政策：

①把握事业计划。确认事业计划,确认经营方针,确认购买材料的方针,把握配件与技术系列化的战略。

②把握材料环境。展望和分析材料市场的现状,分析经济动向、技术动向和政府的政策动向。

③制定材料政策。制定长期、中期和短期的政策。

(2)运营政策：

①制定运营计划。确认材料政策,分析现状,制定对策战略。

②实行政策。确保战略和方法手段。
③审查分析。把握、分析和评价目标的达成度。
(3)进行改善：
①制定改善对策。确认审查分析的结果，协议调整，再制定目标。
②实施改善对策。

▶▶ 五、材料管理的目的

材料管理的目的是对企业经营所必需的材料进行有效的管理并降低成本。其目的可以分为一般目的和特殊目的。

1. 材料管理的一般目的

生产业体、建设业体、服务业体和消费业体等应该合理地实施与各自所必需的基础材料相关的业务，应该持续地满足社会组织活动的需要。为此，必须供应企业经营方面所必需的材料。因为要对企业经营进行持续的材料供应，所以应该预测将来的材料所需，事先确保库存，并维持合理的库存状态，满足需要方的要求。为了达成此种目的的手段可以归纳为三种：降低成本，追求利润；生产优质产品，保证质量；防止事故，强调安全第一。

2. 材料管理的特殊目的

特殊目的可以归纳为重视材料效率、使生产性向上和运营资金的向上以及以成本为中心的现代化 3 个方面：

(1)重视材料效率。使生产性向上；在构成生产金额的一般性的 3 种要素中，只有考虑了材料费的构成比率与生产性的关系，才能判断生产性的真正向上与否。所以，即使人均生产金额较高，如果其中材料费所占的比率同样高，成果则不一定会很高。同样，即使人均生产金额较低，如果其中材料费所占的比率也低，则成果不一定会很差。可以把这种见解叫作纯生产性，即随着材料管理的实施，如果能够最大限度地降低所需资产费的比率，即使不采取措施削减人工费，也可以实现纯生产性的向上。

(2)运营资金的向上。如果削减资金中占有相当份额的材料费或者降低材料的购买价格，将购买材料的行为转化为单价合同的行为或者采用诱导购买方进行竞争的方法。

(3)以成本为中心的现代化。现代企业都处于一种互相竞争的供给过剩的状态，所以从削减成本，创造内部利润的观点出发，应该将以下的成本三要素合三为一进行认识。

①用消费概念来认识材料，认为它是招致浪费，增加成本的要素。
②认识材料的比重，认为它是招致浪费，增加成本的要素。
③根据对材料的比重的认识，认为材料跟金钱一样，是一种现金的概念。

对企业来说，能够将损失最小化和增加利益的部门就是材料部门，所以从企业利益管理上来看，必须施行高效率的合理化管理。

综上所述，材料管理是以经营管理和降低成本为前提，提出材料库存与使用管理的合理方法。材料部门为了最大限度地发挥其作为企业利益的源泉的职能，应该从过去的以成本为中心的概念进步为以利益为中心的概念。

学习项目二 大型养路机械油料和配件管理

大型养路机械油料和配件是确保大型养路机械设备持续使用以及状态完好的重要一

环。由于大型养路机械种类繁多、涉及技术专业性强、技术系统知识面宽,且配件分类广、通用性差、供应渠道窄等因素,给大型养路机械的配件管理带来了一定的难度。我们必须充分认识和重视油料和配件管理,确保大型养路机械的正常、安全运用。

一、油料管理

(1)各工务机械段设专职化验员,按要求对机械使用的燃油、润滑油类等各种石油类及电解液、冷却液等进行质量检验。

(2)化验人员必须由具有中专以上文化程度和必要的物理、化学及机械基础理论知识、工作认真负责的人员担任。

(3)化验人员与段机械设备科有关技术人员配合,负责以下具体工作:

①对新购进的燃油、润滑油类等进行质量检验。

②对储存的油料定期进行检验。

③按要求对使用中的润滑油类定期进行油质检验,为换油提供科学依据。

④定期使用光谱仪、铁谱仪、污染度测试仪等对使用中的润滑油类等进行监测,对机械的磨损及运行情况进行诊断,掌握机械的技术状态,为实现机械的状态修提供科学依据。

⑤按要求对机械所使用的电解液、冷却液等进行质量检验。

⑥掌握机械各运动部件和传动系统的磨耗、润滑情况及柴油机积炭等的运用状态,针对燃油、润滑油类的质量问题提出改进措施。

⑦对机械操作人员及维修人员进行科学加注润滑油类方法的指导。

⑧检查指导机械操作人员的定期取采油样作业。

⑨总结推广先进经验,积极采用新技术和新油料。

(4)对新购进的燃油、润滑油类,应由材料部门采集油样,及时交化验人员进行检验,检验合格后方准入库和发放使用。检验方法和质量指标执行石油产品化验的有关规定和标准。

(5)库存燃油及其他油脂每半年进行一次质量检验,其检验项目、质量指标和检验方法同于新油。

(6)对新购进的润滑油类,在使用之前必须进行清洁度检验,其清洁度等级应符合相应机械的使用要求,并应使用专用的加油设备,防止加油过程污染。

(7)对使用中的液压油等要定期监测其黏度、水分、闪点和酸值,超过规定者应及时予以更换。

(8)对使用中的柴油机润滑油的黏度、闪点、水分、机械杂质、pH值、酸值要定期进行化验。增压柴油机除上述项目外,加做碱值(不做酸值)。

(9)更换柴油机润滑油、液压油等,必须凭化验部门的不合格通知单方可进行。

(10)油料须设专库存放,库房要通风、干燥,符合防火安全的要求。

(11)柴油入库时,须经装有200目(80)滤芯的过滤器过滤。

(12)油料入库后,应妥善保管,防止混杂和污染。储存油料的器皿应清洁并要加盖,不得露天存放。

(13)油库内必须配备标定合格的计量器具,油库管理人员要加强油料的计量管理,发放油料时要做好记录,并定期对发放情况进行统计分析,提出相应的改进措施。

(14)必须采购符合规定牌号、质量合格的油料,变更牌号时必须有充分的依据,并经段主管领导批准。

(15)各车间机具设备、动力、生活等用油料,依据年度分劈计划由各车间申请经审批后发放和定购,不得无故超计划发放,要严格按定额使用,专油专用,不作他用,一经发现,必须追究责任。

(16)大型养路机械用油应严格按大型机械用油有关规定,定点供油,专门管理,确保大型养路机械用油料质量。

(17)各车间领回的油料,要登记入账支出有去向,并有领用人签认,油料应妥善保管于专门库房并配齐计量器具,配备足够的消防器材。

(18)严格实行油料消耗定额,对机械设备实行定机、定人、定油料消耗的定额管理制度。废油要按润滑油、燃油分类回收。

(19)对回收的废油,必须分类用专用油桶存放,且油桶上要有明显标志。

(20)工务机械段应加强油料的消耗定额管理,一般以台为单位,根据机械运转台时计算月、年的油料消耗定额,并在实践中不断完善,使之接近实际消耗。

二、配件管理

(1)各级大型养路机械管理部门都要加强大型养路机械配件管理工作,工务机械段要做好配件的采购、修复及其供应工作。

(2)大型养路机械的配件应设专库存放。库房应明亮,具有良好的通风条件和防火措施,保持干燥、清洁,并配备足够的货架和一般常用的计量检验工具。

(3)配件的储备以成品为主,并根据设备的数量和技术状态以及年度检修计划制定合理的库存量。购置的新设备,其配件的总价值应不少于设备原值的5%。

(4)配件库设专人管理。管库员应具有一定的技术基础知识和物资管理知识,了解大型养路机械的构造和性能,熟悉各类配件的存放方法。

(5)配件入库按装箱单认真进行清点,并建立账卡。存放配件时,应根据其体积、质量、材质、性能要求及型号等合理分类和存放,并设置料签。

(6)管库员要经常检查和循环盘点库存配件,每月不得少于物资管理办法规定的自点率,确保账、卡、物相符;应按月填报配件库存动态表,以便于设备技术管理人员及时提报配件采购计划,合理使用配件购置费用。

(7)管库员发放配件时,要严格执行"三检查"(检查物资的数量、质量、包装等是否齐备完好;检查领、发料凭证是否正确无误;检查应附技术证件和有关单据是否齐全)、"三核对"(实物与账、卡相核对;账、卡与发料凭证相核对;发料凭证与发放实物相核对)制度。一般配件须经有关技术人员签认,较大部件须经主管领导签认方可领取,做到领发料手续齐备。

(8)领取配件时,要注明机械设备编号、配件名称、型号、图号、规格、数量及领取日期,以便进行分类统计和单机核算,并以此总结消耗规律。

(9)积极开展修旧利废活动。对经修复能够再用的零配件,要建立旧件回收制度,坚持以旧换新。对回收的废旧零部件须经技术人员检查并出具检验手续,管库员据此填写入库状态档案,并将其分门别类,妥善保管。

(10)用于日常维修保养的随车配件要严格控制在低值易耗件的范围内。管库员要按机械台数逐一建立台账。消耗后,由司机长按规定手续领取补充。对随车配件应严加管理,防止损坏和丢失。

(11)领取配件时,须由领料人填写领料单,并按第 7 条的规定进行签认。配件更换情况,须由车间材料员及时整理,并按期填写"大型养路机械配件消耗月报"(见表 7-1),由车间审核后报段。

大型养路机械备件消耗月报　　　　　　　　　表 7-1

机械名称：　　　　　　　　　　　　　车　号：

序 号	名 称	规格及型号	单 位	数 量	消耗原因

单位：　　　　　　　负责人：　　　　　　　填表人：　　　　　　　年　月　日

(12)对更换下来的重要零部件,必须经过技术鉴定后方可报废。

(13)对选用的国产代用件、自制的或与其他单位合作开发的配件,其技术性能指标必须达到原件的规定标准,并须按《大型养路机械配件管理规则》(铁运〔2003〕99 号)的有关规定分类别验收认证后,方可装车使用。

学习项目三　材料管理制度

▶▶一、材料管理基本任务

材料供应与管理必须满足工务机械段各项施工生产的要求。保证生产任务的顺利完成和施工安全是材料工作的宗旨。

(1)材料管理的基本任务是供应好,周转快,消耗低,费用少。

(2)必须遵守的原则是：

①坚持从生产出发,一切为生产服务；

②坚持质量第一,确保生产供应合格材料；

③管供、管用、管节约、管回收；

④做到计划有依据、供应有道理、消耗有核算、节超有分析；

⑤讲求经济效益,在保证供应的前提下做到材料储备越少越好；

⑥周转快,资金利用率高,采购成本低,储运费用省,以提高企业的整体效益。

材料工作者必须严格执行物资政策和纪律,自觉维护和遵守国家法令,坚决抵制商品流通中的不正之风,实事求是,不弄虚作假。工务机械段材料管理统一由材料科负责,执行上级物资部门制定的材料归口管理的各项制度,建立健全归口管理制度,明确责任范围,消除管理上的混乱现象。并且要充分依靠各车间共同管理,认真编制和考核材料供应计划、消耗和储备定额执行情况。

二、材料供应计划编制及审核程序

材料申请计划是材料平衡分配和供应的主要依据。材料的供应要根据生产实际需要,防止积压和浪费,充分考虑节约、代用、修旧利废。申请计划在材料供应安排中要确保重点照顾一般。材料申请计划一般采用滚动计划,要具有充分的灵活性、连续性、均衡性和预见性。

(1)工务机械段材料申请计划分为工班计划、车间计划和段计划,实行逐级上报。其中工班主要采用周计划提前报给车间,车间以月计划形式将下月计划报工务机械段,如表7-2所示。工务机械段材料申请计划根据技术科提供资料及线上料、大堆料等用料计划编制。技术科及各车间要加强施工用料的计划性,特别是施工部门在安排施工计划的同时,认真准确地安排材料计划,做到早计划早安排,减少不必要的自购料及越权采购行为。

材料需求(申请)计划表　　　　　　　　　　　　表7-2

年　　月　　日　　　　　　　　单位:　　　　(签章)　　　　编号:

序号	材料名称	型号(规格)	单位	数量		备注
				需求	批准	

主管段长:　　　　　　　　　日期:　　　　　　　　车间负责人:
科目负责人:　　　　　　　　日期:　　　　　　　　提报人:

(2)工班材料申请计划经工班长批准由工班料具员提出报车间材料员。车间材料申请计划经过各车班上报、车间技术核实、主任签章后由材料人员上报段材料科。

各车间一律以材料人员(工班以料具员和工班长)为有权领料人,其余没有车间介绍证明一律不发料。

(3)预算内外的主要料的申请,由技术科提用料计划,经材料科会签后报段长或主管段长批准,材料科供应。一般材料、工具备品、机电配件、燃料等的申请计划车间报下月计划送材料科审批,确认段材料科供应和零星料自购。

材料采购应明确分工,专人负责,在材料科的指导下进行工作。

①外购料申请由料库人员根据库存情况和材料科审批的各车间材料申请,提出具体的数量、质量、规格,及时组织进货。

②材料采购时,应根据材料科审批的计划进货,不得超计划、无计划进货。

③各车间自购料规定:

a.各车间自购料时,由材料员提出申请计划(含品名、规格、数量、编号、用途)由车间负责人签认,由材料员按计划执行。自购料报销时将所购材料按品名逐项登记,填写自购料核销表,经科目负责人、材料科计划人员签字后报销,核销表如表 7-3 所示。

自 购 料 核 销 表　　　　　　　　　　　　　　表 7-3

单位:(签章)　　　　　　　　　　　　　　　　　　　　年　　月　　日

序号	材 料 名 称	规格	单位	数量	单价	金额	备注

主管领导:　　　　　　　　　　　　　　　　科目负责人:
材料科负责人:　　　　　　　　　　　　　　材料科计划:

b. 大宗材料(如钢材、水泥、木材、砂石料等)的自购,必须事先签订协议或合同,按经济合同的规定办理。

c. 为了减轻运输压力,现场的自购料以就地采购为宜,但必须报材料科批准后执行。就地无条件采购时,由材料科联系协助组织供应。

(4)申请计划的内容有:物资编号、品名、规格、计量单位、单价、质量标准(技术要求)、计划申请数量、金额、用途等。

(5)凡是要用火车运输的大堆料申请计划程序:

①砂石、石砟每月由车间提用料计划经技术科会签送材料科办理下月用料申请计划。

②申请计划要注明卸车区间及里程,申请计划要注明月、旬、日需要数量。

(6)申请计划遗漏或临时变更需要的料具,允许每月报补充计划一次。因任务变更,发生计划外用料时,可临时开具造册报上级批准后,可以自购。未经批准的料具,任何部门、车间、班组、个人均不得采购。

(7)材料的申请、领取、催促归口由材料人员办理(工班由料具员向车间申请并办理),除材料人员委托办理者(须有材料人员书面委托)外,拒绝其他人员对以上事宜的办理。

三、工具备品管理

合理使用、妥善管理工具备品对完成各项任务,确保安全生产起着重要作用,也是企业管理、班组管理的重要方面。段主管部门及各车间负责人必须加强管理,专群结合,防止损坏或丢失,用好、管好工具备品,有效地发挥其作用,在使用管理中,好的应表扬奖励。因管理不善而造成损失,情节严重的须追究责任,严肃处理。

(1)工务机械段的工具备品分层次负责管理,段由材料科统一管理,设专人负责,并建立工具备品台账,如表 7-4 所示。各车间由材料员负责管理并建立工具备品台账。工班使用的工具由工班工具保管员负责统一管理(个人使用的工具备品由使用人保管),未经保管人员同意,任何人不得随便动用。

(2)因违章使用造成损坏或因保管不当,发生变质或丢失时,必须由责任者写出损坏和丢失原因,填写《物品损失损坏评定表》,主管车间(部门)审批后赔偿。贵重物品不论年限多少,一般按原价赔偿,特殊情况需由主管段长批准方能折价。职工调离或者变动工种未交回的工具也按此条办理。

工具实物明细台账

表 7-4

车间名称：　　　　　车号：　　　　　年　月

序号	名称	规格型号	单位	单价	上月结存数量	本月收入数量	本月支出数量	结存数量	区间名称							
									区间名称1			区间名称2		区间名称3		区间名称4
									数量	金额	数量	金额	数量	金额	数量	金额
1	手锤	世达92313	把		1	0	0	1								
2	手锤	世达92314	把		1	0	0	1								
3	全抛光双开口扳手组套	世达09029	套		1×13	0	0	1×13								
4	全抛光开口扳手	世达41223(34×36)	把		1	0	0	1								
5	开口扳手	世达48610 46	把		1	0	0	1								
6	开口扳手	世达48611 50	把		1	0	0	1								
7	开口扳手	世达48612 55	把		1	0	0	1								
8	全抛光两用扳手组套	世达09022	套		1×11	0	0	1×11								
9	全抛光双梅花扳手组套	世达09028	套		1×11	0	0	1×11								
10	全抛光双梅花扳手	世达42212(30×32)	把		1	0	0	1								
11	活动扳手	世达47204 10"	把		1	0	0	1								
12	内六角扳手组套	世达09101	套		1×9	0	0	1×9								
13	内六角扳手组套	世达09102	套		1×12	0	0	1×12								
14	棘轮扳手	世达16901 20"	把		1	0	0	1								
15	棘轮扳手接杆	世达16903 8"	个		1	0	0	1								

(3)各车间在年度分批计划内领用工具,逐级严格执行"交旧领新"制度,并在低值易耗品保管卡上登记更换日期,小型机具的报废须经段鉴定小组鉴定后方能更换,各车间工具应妥善保管于专门库房内。

(4)工具备品互相调剂交接时,必须由交接双方签字,并将交接凭证交材料科转账。

(5)各车间材料员必须每季度清点一次库内工具备品,并将清点结果报材料科。

(6)工具备品保管人员离职、调动时,必须将自己保管的工具、备品点交清楚,方能办理离职、调动手续,不点清楚不得离职。

(7)各车间的材料库应经常保持清洁整齐,门窗牢固,关闭严密,防止被盗。同时所有库房均应有严密的防火安全措施,防止失火。

(8)奖惩制度:

①在料具管理工作中,对认真负责、成绩显著的材料人员,应予以表扬或奖励。

②任何人都无权将工具备品外借或出售,凡违反本标准或其他有关规定,使国家财产受到损失,视其情节给予经济制裁或纪律处分。性质、后果严重的交有关部门处理。

四、账目管理

材料账由专人负责,及时登记,字迹清晰,准确显示收、发、存动态,确保账、卡、物相符。材料账卡是反映流动资产的收、发、使用保管和定期清查盘点的重要凭证。如何正确地填制、整理、传递、登记材料账卡,对于加强流动资金的管理,确保集体财产完整,降低成本,节约资金具有重要的作用。

1. 材料账、卡的建立

(1)工务机械段仓储管理实行分库制:对于发放到沿线料库和存料地点存储的材料,不应作为支出列账,只有直接发交工班用于生产时,方能作为支出列账。各料库和存料地点都应建立材料账卡,以便进行材料动态的核算。

(2)材料账、卡统一。

(3)卡片上的各项项目要工整、清晰地填写。如果有材料目录中没有规定的标准料价、品名、规格和编号,可比照目录中近似数据、编号、规格、单价设立卡片按当年第一次购料设立卡片。在同一卡片上不能出现多种规格、单价、编号,但同一规格、单价和编号也不得建立多卡。

(4)实行账卡合一法(余额法),即财务与材料部门共设一套物资卡片的核算办法。日常物资卡片由材料员在计算机上登账,月末财务科根据材料移交的材料动态逐项和机上材料卡片核对,进行余额核算,并在料卡的检查栏内签章。每月对账结算后对应所有物资应从机上下载月度收、支、存卡片存放在材料科作档案及备查。

2. 材料收入

(1)材料厂、物资供应段及路内厂家组织供应的材料,料库收料时要与材料单核对,严格检验和计量,相符后方能入库进账,并把发料单移交材料科。如有不符,管库员应与提料员交涉,通知供应单位提出处理意见,在未解决之前,不得入库和进账。

(2)总公司、铁路局规定的直达料,运送沿线料库和工地时,材料科收到供应单位的电话及通知后,以电话通知收料库,由料库负责人根据运输部门的运输单据或材料科通知的车号、品名、数量组织卸车和验收,并填写来料登记表,如表7-5所示。如发现数量品种质量等不符,应联系材料科派人验收复验,在未经对方查对或提出处理办法前,到达的材料不得动用。同时,验收记录交材料科。

表 7-5

来 料 登 记 表

单位：

到库日期	物资编号	物资名称	规格型号	计量单位	数量	单价	供应单位	生产厂家	技术证件及合格证	运单号	验收签章	凭证到库日期	点收日期	点收单号	账单号	备注

材料科长： 仓库主任： 管库员：

(3)自购料无论价值大小,数量多少都应办理进账管理手续。凡月度报销时,大宗产品批量进料按有关规定应与销售单位签订购销协议或合同,并报财务作报销凭证。

(4)单位自制材料,由各主管业务科提供技术资料,主管人员下派工单并各车间提出用料计划交材料科,材料科组织各车间加工,加工完毕经业务科、材料科等有关人员检验合格,由车间填制交接单按管理权限发给各使用单位。

3. 材料发出

各料库发出材料时,必须根据发料凭证,并按下列要求办理。各库发料时,要根据材料科开制的发料单或调拨单发料,在特殊情况下(防洪、抢险等)可根据段领导的交涉发放,但领料人和管库员必须要相互办理签认手续。

(1)各车间发料给工班,严格定额发放。如果没有消耗定额,可根据施工负责人和技术人员提供的用料计划进行发放,超计划时,要会同有关人员查找原因,提出意见,用料单按项目填写清楚。

各车间相互调拨材料,要经材料科主管人员同意后方可,办理调拨手续,并上交一份到材料科作为材料移交的凭证。

(2)发料时,要以材料本身的计量单位为依据,严格计量,不准估算和推算。

4. 材料报销

材料使用后逐月报销。各车间都应将使用的材料分别按工程项目、材料类别,一式三份汇总上报材料科业务主管人员进行核对、登记下账。在材料支出汇总表中要有上月结存,本月收入,本月支出,支出合计及其账面结存,实物结存栏。另外,工作量、材料编号、单价、规格也应填写清楚。用料单与"支出汇总表"中的数量相符,材料科登记下账后,再移交给财务核算,并返回各车间一份"支出汇总表",如有出入,应以返回为准。

▶▶ 五、材料装卸

1. 易燃、易爆物品装卸

(1)装卸、搬运易燃、易爆物品,要有专人负责,严禁撞击、抛掷、拖拉或滚动,严禁接近烟火。

(2)雷管和炸药要分开,也不准同一地点同时装卸。

2. 笨重物品装卸

(1)搬运及装卸重物时应尽量使用机具,人力操作时要统一指挥,动作协调一致,夜间要有充足的照明,用滑行轨装卸钢梁及其他重型机械时,滑行轨应支撑牢固,坡度适当,并有保险缆绳。

(2)抬运钢轨、撤岔等笨重物体时,要检查抬运工具是否良好。人员配备要得当,统一指挥,起停平稳,步调一致,禁止倒退行走。要有专人指挥,原则上不准夜间装卸。搬运笨重材料机具,必须在夜间作业时,要有充分的照明。

3. 靠近铁路的材料堆放

(1)靠近铁路堆放路料,距轨头内侧不少于810mm,坡度不陡于1:1。

(2)以前钢轨可以放在道心,现在钢轨不允许放在道心。

(3)卸道砟和枕木时应有专人领导,卸钢轨应尽量使用滑杆、滑车,严禁摔伤。

4. 车辆装货卸货

(1)装车前先准备好各种工具及加固材料,检查货物包装是否完好。

(2)根据各种货物的特点,按规定进行作业,不准偏载,对笨重物要捆扎、加固、加盖篷布,对超长货物要在车辆前后扎上红旗。

(3)货物装完后,要检查装载情况,不偏载、超限,货物的加固毡盖是否良好。

5. 安全措施

(1)作业前装卸负责人应检查作业人员精神状态是否良好,交代安全注意事项,严禁酒后作业,对精神状态不好的人,应责令其离岗。

(2)劳保用品应穿戴齐全。

(3)检查装卸机具、工具的技术状态,不符合要求的禁止使用。

(4)在作业时,应正确使用各种机具、工具等,不准违章使用。

练习题

1. 材料管理的定义是什么?
2. 材料管理的意义是什么?
3. 材料管理的目标是什么?
4. 如何对材料进行账目管理?

参 考 文 献

[1] 佘贵川,曾孟彬.大型养路机械运用管理[M].北京:中国铁道出版社,2008.
[2] 中华人民共和国铁道部.大型养路机械使用管理规则(铁运〔2006〕227号).北京:中国铁道出版社,2010.
[3] 中华人民共和国铁道部.铁路工务安全规则(铁运〔2006〕177号).北京:中国铁道出版社,2007.
[4] 中华人民共和国铁道部.铁路线路修理规则(铁运〔2006〕146号).北京:中国铁道出版社,2006.
[5] 中国铁路总公司.DC-32k捣固车检修规则(铁总运〔2013〕167号).北京:中国铁道出版社,2014.
[6] 中国铁路总公司.铁路技术管理规程(铁总科技〔2014〕172号).北京:中国铁道出版社,2014.